吊桥效应

『心理学讲义』编写组 —— 编著

中国纺织出版社有限公司

内 容 提 要

外界的刺激会让大脑混淆事实和情感，从而做出错误的判断。人这一生充满着不确定，如果总是被外界左右，而忽视内心的声音，很容易做出错误的选择。认清现实、理性思考，杜绝吊桥效应的影响，人生才能实现正向循环，持续向好。

本书围绕吊桥效应展开，带领我们认识什么是吊桥效应，以及如何避免吊桥效应对人生各个方面的负面影响，内容涉及思维决策、自我成长、习惯养成、人生目标的设定、婚恋成长以及心态调整等各个方面，进而帮助我们更加理性地思考和行动。

图书在版编目（CIP）数据

吊桥效应／"心理学讲义"编写组编著. -- 北京：中国纺织出版社有限公司，2024.6
ISBN 978-7-5229-1639-2

Ⅰ．①吊… Ⅱ．①心… Ⅲ．①人际关系—通俗读物 Ⅳ．①C912.11-49

中国国家版本馆CIP数据核字（2024）第070067号

责任编辑：王 慧　　责任校对：高 涵　　责任印制：储志伟

中国纺织出版社有限公司出版发行
地址：北京市朝阳区百子湾东里A407号楼　邮政编码：100124
销售电话：010—67004422　传真：010—87155801
http://www.c-textilep.com
中国纺织出版社天猫旗舰店
官方微博 http://weibo.com/2119887771
天津千鹤文化传播有限公司印刷　各地新华书店经销
2024年6月第1版第1次印刷
开本：880×1230　1/32　印张：6.75
字数：105千字　定价：49.80元

凡购本书，如有缺页、倒页、脱页，由本社图书营销中心调换

前　言

心理学家阿瑟·阿伦做过一个有趣的实验：他安排了一位长相漂亮的女助手站在一座长达70米的危险吊桥的一端，随后，他又让一些单身男性通过吊桥，来到女助手那里完成问卷，并给了这些男性女助手的电话号码。这一实验随后又被安排在一座结实的小桥上进行。

实验结果表明，从危险的吊桥上经过的单身男性中，有一半以上的人给这位年轻漂亮的女助手打了电话，而在小桥上，打电话的男性不到两成。

为什么会出现这样的现象？这是因为一个人在提心吊胆时会不自觉地心跳加速，如果这时正好碰到一位异性，就会把这种心跳加速的反应错当成心动的感觉。

这就是著名的吊桥效应，类似的情形在很多电影、电视剧和生活中都有出现，比如男女主人公为了躲避仇家的追杀而一路逃亡，两人脸红心跳，以为是真爱来临；青年男女们在一些"激动人心"的场景中约会，更容易加深感情；演艺行业男女演员一起拍戏，常常因戏生情，戏外喜结连理……

简言之，外界的刺激会让大脑混淆事实和情感，从而做出错误的判断。"吊桥效应"不只常发生于恋爱中，也普遍存在于现实生活中。

比如：大多数人都喜欢某个电影明星，你也盲目追捧；大家都在超市抢购，你也加入其中；大家都在囤积药品或日用品，你也盲目跟风；原本你已经拿定某个主意，有人出来反驳，你又开始质疑自己……

事实上，让这些本该自己做决定的事，任由外界的声音左右，在"生活的吊桥"上摇摆，你将很难有所作为。

《思考，快与慢》中有句话："人类的大脑具有惰性，在制定和做出重要决策时，容易落入意想不到的思维陷阱。"过分在意外界声音，从而丧失自己的理性判断，你便掉进了"吊桥陷阱"。

巴菲特也曾透露过自己成功的秘诀："很多人比我智商高，但我做事更加理性。你必须能够控制自己，不要让外界左右你的理智。"

提升理性思考能力，挣脱生活中的"吊桥陷阱"，才有可能过上真正想要的生活。尤其是在信息繁杂、多重价值共生的时代，保持清醒的头脑、听从自己内心的声音，才不会掉入"吊桥陷阱"，才能做出最适合自己的选择。

那么，我们该如何避免掉入"吊桥陷阱"中？这就是我们在本书中要阐述和分析的内容。

本书围绕"吊桥效应"展开，带领大家认识什么是吊桥效应，以及如何在生活中的方方面面做到自主抉择，避免为外界干扰，让自己更快更好地达成所愿、实现人生追求。最后，希望每一个人都能实现真正的精神独立，掌控自己的人生，都能获得成功。

编著者

2023年9月

目　录

第一章　了解吊桥效应：危险或刺激性情境下人的情绪体验有迷惑性　001

什么是吊桥效应　003
人的生理和心理常常互相影响　008
别让眼睛骗了自己，你看到的未必是真相　011
保持理智，才能避免陷入吊桥效应的陷阱中　016
用心观察，全面了解后再下定论　021
人和人之间，真正的差异体现在认知上　026

第二章　吊桥效应与思维决策：别让外界的声音干扰你的理性判断　031

有自己的判断，别盲目跟随群体　033
面对谣言要理智　039
看似巧合的事，一定要仔细甄别　043
抑制怒气，千万别在盛怒下作决定　047
被人质疑时，你会动摇吗　052
坚持你的选择，但也要根据实际情况加以调整　058

第三章 吊桥效应与自我成长：在可控范围内"制造吊桥"能督促自己进步 　063

主动迎接挑战，为自己注入成长的力量 　065
用目标激励自己才有进步的动力 　070
切割你的目标，指导你在短时间内的言行举止 　075
主动接近优秀的人与环境能更快地成长 　080
唯有主动学习、汲取知识的人才能掌握未来 　084
向优秀者学习，丰富你的大脑 　088

第四章 吊桥效应与人生掌控：别活在他人的标准里，确立你自己的人生目标 　095

坚持自我，按照自己的标准定义人生 　097
看淡非议，坚持做自己 　102
认清自己的个性，保持自我本色 　106
自己做决定，你才是自己命运的主宰者 　110
准确定位自己，找到自己的优势 　115
在心中填满自信，做最出色的自己 　120
从基础做起，在积累中实现卓越 　126
水滴石穿，每天进步一点点 　132
想要拥有好习惯，先从改掉身上的恶习开始 　137

目 录

第五章　吊桥效应与心态调整：放下与自己无关的事，才能活得自在轻松　143

活在自己的世界里，做自己喜欢的事情	145
多关注自己的幸福，无须羡慕他人	150
不要活在别人的眼光中，做真实的自己	154
一味地攀比，你真的快乐吗	159
不要为得到别人的赞美而活着	164
幸福的人只关注自己和享受当下	168

第六章　吊桥效应与婚恋成长：幸福的爱情需要理性思考和认真经营　173

制造"吊桥"，利用特定的环境成功吸引对方	175
了解SVR理论，把握好相爱的节奏	178
冷静理性，别被感情冲昏头脑	182
择偶，合适的就是最好的	186
爱情来临时，千万别优柔寡断	190
越是浪漫的爱情，越是消失得快	194
改变心态，享受平淡的真情	198

参考文献　203

第一章

了解吊桥效应：危险或刺激性情境下人的情绪体验有迷惑性

心理学上有个著名的名词——"吊桥效应",指的是当人们从危险的吊桥上经过时,如果恰巧遇见了另外一个人,那么,此人会将自己出现的生理反应,诸如心跳加速、呼吸急促等错误归因为对对方的心动。对这一效应进行扩展,可以指很多情况下,我们的判断容易被周遭事物影响,反过来,如果我们希望理智思考,就要学会摒弃这些迷惑性事物的影响,这样才能透过现象看本质,了解事物的真相。

什么是吊桥效应

在现实生活中，我们看到过不少"因戏生情"的例子，比如某男女演员因为拍了一部电视剧或者电影而结合、进入婚姻殿堂，这种情形在心理学上叫吊桥效应。

比如说，你和你的一位关系要好的异性朋友一起去看恐怖电影或者一起去了鬼屋，在你受到惊吓时他保护了你，你的心里会不会产生"小鹿乱撞"，认为此人可能就是你的真命天子的感觉？再比如，影视剧中经常出现的英雄救美的故事，男女主角顷刻间相互动心，也是"吊桥效应"。

那么，什么是吊桥效应？

吊桥效应是指当一个人提心吊胆地过吊桥的时候，会不由自主地心跳加快。如果这个时候，碰巧遇见另一个人，那么他会错把由这种由环境引起的心跳加快理解为对方使自己心动才产生的生理反应，故而对对方滋生出情愫。

阿瑟·阿伦是著名的情绪心理学家，1974年，他在加拿大温哥华的卡皮诺拉吊桥上，做了著名的"吊桥实验"。

卡皮诺拉吊桥长达70米，是悬空设计的，由两条粗麻绳和木板构成，人从上面通过的时候，吊桥会来回摆动，让人心惊胆战。

研究人员同时挑选了三个实验地点：第一个实验地点就是这座卡皮诺拉吊桥，第二个是一个高度只有几米的小石桥，第三个地点是坐落在僻静之处的公园。

研究人员找了一位漂亮的美女助手，在这三个实验地点做问卷调查。之后，美女助手会留下自己的电话号码，对这些人说："如果你想知道问卷调查的结果，可以给我打电话。"

最后的结果是，从卡皮诺拉吊桥上经过的男人，有百分之五十以上的人给这位女助手打了电话，并评价这位女助手长相很漂亮，而从石桥上通过的男人，只有五个人打来了电话，而安静的公园里只有两个男人拿了女助手的电话，并且一个也没有打给她。

为什么会这样呢？

这是因为走过卡皮诺拉吊桥是非常刺激的，在刺激的情况下，人的心跳加快、呼吸紧促，在这个时候遇到一位漂亮的女人，男人很容易把自己生理上的心跳加速，误认为是恋爱的感觉，以为是对异性的心动。

所以很多爱情故事都是在这种"吊桥效应"的刺激下发生的。

放在现实生活中，其实很多情景都是如此，比如两个人在危险中互帮互助，或者只是两个人一同处于危险情境中，都能加深彼此的好感，加快心动的产生。

这样看来，我们是不是也嗅到了一丝"日久生情"的味道？所以，单身男女们，应该主动出击，让对方对你心动，再以此为契机彼此接触，这样终究会日久生情。

当人处于危险环境下，会产生一些生理和情绪变化，比如心跳加速、呼吸急促，再比如会感到激动、恐惧，这些生理反应是不以人的意志为转移的。人在危险的吊桥上，也产生了这样的情绪和生理上的变化，而人们会在主观上给这种生理现象寻找一个合理的解释：一是因为美女助手的无穷魅力让自己意乱神迷，二是因为吊桥的危险让自己心如撞鹿。两种解释似乎都有道理，都可以接受。

在这样模糊的情境下，一些男人对自己的生理唤醒进行了错误归因，原本是危险的环境让他们心跳加快，但是他们却错误地以为自己是被美女助手吸引了，而正是这样的错误归因，让那些处于危险情境中的男人们对自己身边的女助手产生了更多的兴趣，也由此拨通了女助手的电话。

这样看来，我们大概能解释生活或影视中常常出现的场景了：美丽的姑娘正处于危险中，帅气的青年英雄救美后与其喜结良缘；原本暧昧的男女在旅行中遭遇危险共渡难关，归来后就确定关系；一起体验户外活动（尤其是过山车等刺激性活动）后，年轻爱侣们的心似乎更贴近了。所有的场景都有一致之处，即引发了人们的生理唤醒，比如呼吸急促、心跳加速，这样，人们会产生一种错觉——"我为他（她）而心跳"（虽然不一定正确），最终造成了两性情感关系更进一步。

基于此，阿瑟·阿伦的研究给恋爱中的人一个启示，那就是危险或刺激性的情境可以促进彼此的感情。反过来，有些情况下，让你心动的未必是爱情，也可能是外界刺激性的情境。要想防止这种错觉让自己做出错误的选择，我们最好不要在感情最热烈的时候就做决定，而应等感情稳定且平淡的时候再来考虑是不是真爱。

我们从吊桥效应中还应该看到的一点，外界的刺激会让大脑混淆事实和情感，从而做出错误的判断。人这一生充满着不确定，吊桥效应普遍存在于现实生活中。若因为外界的左右，而忽视内心真正的声音，很容易做出错误的选择。总之，认清现实，看清自己，杜绝吊桥效应的影响，人生才能实现正向循环，持续向好。

人的生理和心理常常互相影响

前面，我们指出吊桥效应指的是，人们的生理和心理会互相影响。比如当我们过一座危险的吊桥时，会产生心跳加快、呼吸急促的生理反应，如果此时刚好有人也在这个吊桥上，我们会将这种感觉投射到这个人身上，误认为是此人导致我们出现这种生理现象的，而不是吊桥的危险性让自己害怕而心跳加快。

吊桥效应在我们身边很常见，除了爱情外，在学习生涯中也常出现。比如说如果在某次考试中因为发挥不佳而成绩不理想时，这种难受、失落的心情会影响我们的思想与认知，有些学生甚至会对这门学科产生厌恶的心理。其实我们需要做些区分，成绩不理想造成的生理感受更多时候源于父母的期待和自己的自尊心，而不是某门具体学科导致的。如果因为一次成绩不佳就把负面情绪迁移到学科，厌恶学科，产生厌学心理，反而会恶性循环，得不偿失。

另外，心理学家认为，心理上的变化也会引起我们的生理变化。

心理学家曾做过这样一个实验：研究者让被实验者喝了大量的带糖饮料，被实验者的血糖会升高，而且尿量和次数也会增多。后来，研究者又进行了一次新的实验，并没有让实验者喝糖水，而只是普通的水，并对他们进行语言暗示，令人意外的是，这些被实验者也出现了同样的生理变化。

从这一实验中，我们能得出一点结论：在某些特定的情况下，心理影响也能起到实物所能起到的作用，甚至能代替实物，刺激人脑，导致身体的变化。比如，实验中，在被实验者未喝糖水的情况下，他们的大脑依然会影响体内糖代谢的活动。

当然，就如同硬币一样，任何事情都有两面性，人心理的影响也有积极与消极之分。积极的影响，我们称之为积极的心理暗示，就是我们接收到一些积极的信息，进而我们的态度也积极起来，从中获得力量。相反，消极的暗示，向大脑输送的就是消极的消息，人的心态也就会变得消极，比如：自卑、焦虑、沮丧、悲观等。

现在，我们已经看到了心理暗示这一工具具有巨大的力量,它既能成就一个人,也能毁灭一个人。因此,对于我们每个人来说,了解并懂得如何使用它是非常有益的。

总之,人的生理和心理是相互影响的,这就告诉我们在思考时要摒弃生理波动带来的错误归因,反过来,也要防止负面的心理暗示导致自己出现消极的行为,只有这样,我们才能明智地思考和行动。

别让眼睛骗了自己，你看到的未必是真相

生活中，我们看悬疑小说或者侦探电影时会有这样一个体会：当我们自认为自己已经确定一件事情的真相后，往往发现原来事情的原委并不是这样，所谓的真相是隐藏在表象之后的。事实上，根据吊桥效应，我们得知，很多时候，我们看到的事物往往具有迷惑性，未必是真实的，这就是为什么人们常说"人的眼睛也是会骗人的"。因为眼睛看到的只是表面现象，表面现象会让人产生错觉。可见，当我们遇到任何事的时候，都不要急着下结论，事情的本质是要经过思考和观察之后才能得出的。

我们不妨先来看看下面的小故事：

孔子游历至东方，在途中，他看到两个小孩在争辩，出于好奇便走过去问他们在争辩什么。

一个小孩说："我认为太阳刚出来时距离人近，而正午时

距离人远。"

另一个小孩的看法完全相反，他认为太阳刚出来时离人远，而正午时离人近。

前一个小孩说："太阳刚出来时大得像车上的篷盖，等到正午时就像盘子口那样小，这不正是远的显得小而近的显得大吗？"

另一个小孩说："太阳刚出来时清清凉凉，等到正午时犹如伸手进了热水里一样，这不正是近的就觉得热，远的就觉得凉吗？"

孔子听后，无法判断出谁是正确的。两个小孩笑着说："谁说孔子就多智慧呢？"

博学而多才的孔子在面对两个小孩辩论的问题时，不能得出结论。而两个小孩在此问题上也是仅凭自己的一些主观感受而得出的结论，显而易见，此结论也并不正确。

那么，现象与本质之间一般有什么关系呢？

其实，现象与本质之间是辩证的：

第一，现象和本质是对立的。现象之所以为现象，是因为它能直观观察到，是表面的、丰富的、多变的，而事物的本质则是内在的、稳定的、深刻的且单纯的。现象能直接被认识和观察到，而本质则只能间接被认识。

第二，现象和本质是统一的。首先，两者是相互依存的。本质只能通过现象表现出来，现象只能是本质的显现，它们之间是表现和被表现的关系。任何一方离开了另一方都是不能存在的。其次，两者是相互包含的。最后，现象与本质之间的关系并不是一成不变的，而是相互转化的，任何事情都没有绝对，本质与现象也是，都处于一定的变化之中。

而现实生活中，人们之所以看不到事情的本质，主要是受人们的主观意识所影响，人们相信自己的眼睛和以往的经验，这往往是得出错误结论的原因。

伽利略的"两个铁球同时落地"的实验就说明了人们的经验不一定正确的这个道理。

17世纪的西方科学界，大家都以亚里士多德的研究结论为准绳，人们认为这位两千多年前的希腊哲学家的话是不容置疑的真理，谁要是怀疑亚里士多德，人们就会责备他："你是什么意思？难道要违背人类的真理吗？"

亚里士多德曾经说过："两个铁球，一个10磅重，一个1

磅重，同时从高处落下来，10磅重的一定先着地，速度是1磅重的10倍。"而这句话使伽利略产生了疑问。他想：如果这句话是正确的，那么把这两个铁球拴在一起，落得慢的就会拖住落得快的，下落的速度应当比10磅重的铁球慢；但是，如果把拴在一起的两个铁球看作一个整体，就有11磅重，落下的速度应当比10磅重的铁球快。这样，从一个事实中却可以得出两个相反的结论，这怎么解释呢？

伽利略带着这个疑问反复做了许多次试验，结果都证明亚里士多德的这句话是错误的，两个不同质量的铁球同时从高处落下，是会同时落地的，铁球往下落的速度跟铁球的轻重没有关系。

当时伽利略才25岁，已经当上数学教授。他向学生们宣布了试验的结果，同时宣布要在比萨城的斜塔上做一次公开的试验。

消息很快传开了，大家根本不信伽利略的实验会成功，以为这是对亚里士多德言论的侮辱。

这天，伽利略出现在了比萨城的斜塔顶上。他右手拿着一个10磅重的铁球，左手拿着一个1磅重的铁球。两个铁球同时脱手，从空中落下来。

一会儿，斜塔周围的人都忍不住惊讶地呼喊起来，因为大家全部清楚地看到了两个铁球是同时着地的，正跟伽利略说的一个样。这时大家才明白，原来像亚里士多德这样的大哲学家，说的话也不是全都对。

伽利略的这一实验表明，权威并不一定就是真理，事情的真相往往藏在实践中，透过现象看本质的另外一个方法就是用实践证明，实践是检验一切的标准。

总之，生活中的人们，无论是做事还是做人，都不能眼高手低，也不能轻信自己的眼睛。凡事多思考、多观察，用实践说话，这样，就能有效避免徒劳的付出！

保持理智，才能避免陷入吊桥效应的陷阱中

我们都知道，人是情感的动物，所以有各种不同的情绪。人的情绪很容易受周遭事物的影响，比如被别人骂，你会产生愤怒或者委屈的情绪；吃到你喜欢的美食，你会高兴；亲人离世，你会难过等。然而，一旦我们被情绪控制，很容易做出不理智的事来。其实，在前面的分析中我们得知，吊桥效应的产生，也是身处危险吊桥上的人被激动的情绪体验控制，而产生的误判的结果。这样看来，我们要想避免陷入吊桥效应的陷阱中，那么在遇到令我们情绪激动的事时，一定要保持理智。

另外，心理学家称，潜意识中的情绪并不是真实的，不是本身就存在的，负面情绪的产生，是出于对自己的保护。所以，这种负面情绪如果得不到释放和化解，将会产生各种负面的影响。

然而，不少人的情绪常常会被周围的一些人和事影响，有些人甚至是情绪化的，他们的情绪似乎总是不受自己控制。于是，他们在这种恶性失衡之中，常常陷入自相矛盾的境地，

第一章　了解吊桥效应：危险或刺激性情境下人的情绪体验有迷惑性

失去了正确的判断力。而那些成功者则能做到自控，无论外界怎么变化，他们总是能以理智的心态面对，他们有着很强的自律能力。生活中的人们，也许现在的你年轻气盛，容易冲动，但请记住：情绪化会让你陷入吊桥效应的陷阱中，进而决策失误。因此，从现在起，一定要做到自制，理智思考并克服自己的情绪。

曾经有这样一个故事：

在一次抓捕行动中，一位经验丰富的高级间谍被抓住了，如何在保护组织的情况下让自己活下来呢？在思考了一会儿后，他立即想到，唯有装聋作哑才能做到。

不过，敌军也不是吃素的，这些军官也怀疑他是不是伪装的聋哑人，于是，他们开始运用各种方法盘问他，无论是诱惑还是欺骗，他都不为所动。于是，到最后，敌军审判官只好说："好吧，看起来我从你这里问不出任何东西，你可以走了。"

这名间谍当然明白，这只不过是审判官检验他是否说谎的一个方法而已。因为一个人在获得自由的情况下，内心的喜悦往往是抑制不住的，如果他此时听到审判官的话后立即表现出很愉快或者激动起来，证明他听得到审判官的话，那么，他就不打自招了。因此，他还是站在原地，仿佛审问还在进行。最后，这名审判官不得不相信，他不是间谍。

就这样，这位间谍因为自己超强的自制力而活下来了。

看完这个故事，我们不得不惊叹，多么精明的间谍。俗话说：态度决定一切。这就是说，一个人的情绪糟糕，容易冲动，往往会把一切事情都办得糟糕。即使遇到了好事和良机，也会因为不良的情绪，使自己产生出无形的压力，使自己的能力无法充分发挥，错过这些机遇。

生活中的人们也要记住，在任何时候冲动都是我们最大的敌人。如果忍耐能化解不该发生的冲突，这样的忍耐永远是值得的。

相传，越王勾践战败后，接受了大臣文种的建议，收买了吴国太宰伯嚭向吴王夫差称臣纳贡求降，越王和王后到吴国给夫差为奴做妾。夫差答应了，却在吴国对勾践夫妻极尽羞辱，勾践在夫差面前一副感恩戴德、五体投地的奴才相，嘴里还感激夫差不计前嫌，以德报怨，宽宏仁慈。勾践在夫差面前表现得十分恭敬，称自己为贱臣，小心翼翼，百依百顺。夫差要上马，勾践就跪下来让夫差踏在自己的背上。夫差生病了，勾践在夫差面前寝食难安，问病尝粪，嘴里一边吃着夫差的大便，还一边表达自己的忠诚之志："恭喜大王，大王的病就快好了。"

就这样，勾践以自己的忠诚打动了夫差，终于夫差下令让勾践回到越国。勾践回到越国之后，立志要报仇雪恨，他唯恐眼前的安逸消磨了自己的志气，于是在吃饭的地方挂上一个苦胆，每逢吃饭的时候，就先尝尝苦味，并问自己："你忘了会稽的耻辱了吗？"他还把席子撤去，用柴草当作褥子，这就是后人一直传颂的"卧薪尝胆"。

在吴王夫差面前，勾践简直跟奴才差不多，甚至比奴才更卑贱，不仅受到了夫差的百般侮辱，而且嘴里还感激夫差不计前嫌，以德报怨，并自称"贱臣"。这样的姿态，比委曲求全更甚，自己所受的侮辱和苦难是一般人无法想象的，但勾践都一一忍耐了过来。其实，他早就有了复国大计，之所以在夫差面前百般受辱，是为了赢得夫差的信任，这样自己就可以早日回到越国去施行复国大计。那看似的委曲求全，实则是一个计谋,勾践早已经运筹帷幄。于是,才有了后面"勾践灭吴"的故事。

同样,在我们的生活中,也难免会遇到各种各样的事情,遇到事情的时候可能也会冲动,甚至有可能凭直觉做出一些自己都知道不该做的事情!因此,不管遇到什么事情的情况下,都要冷静地让自己思考一下,哪怕只是短短的几秒钟,也许结果就完全不一样了!

用心观察，全面了解后再下定论

我们无论是在工作还是生活中，都可能会遇到一些偶发的事，此时，你必须迅速地做出一些判断，进而做出进一步的行动，这体现了一个人的应急能力、抉择能力等。而要做好这一工作，我们在处理信息的过程中，就应该做到全面了解情况，俗话说："兼听则明偏信则暗"，仅以片面资料为判断依据，那么，得到的结论也可能是片面的，甚至是完全错误的。然而，就是有一些人，常常会出现这样的失误。要避免这样的失误，我们就需要做到用心观察，全面了解后再下定论。

美国一个大型企业，准备在印度尼西亚建造一家化工厂，也投入了大量的资金。可是，应该由谁来管理这家工厂呢？总部的人考虑，应该找一名熟悉发展中国家的项目情况的人负责，于是，他们将该工厂的管理重担交给了远在巴西另一家工厂负责的管理者。

此人在巴西业绩不错，并且长期从事技术工作，精通业务，按照常理来说，是可以管理好这家工厂，并把工厂的生意做起来的。但事实上，他是一个只懂得技术而不懂市场经济和公共关系的人，连起码的定价策略都说不出个所以然。

然而，总部的人实在对此人太放心了，他们认为他来自发展中国家，熟悉这些国家的基本国情，又精于技术，应该能够处理好日常工作，因此也没派人前去全面主持工作。

无谓的"放心"造成了不良的结果，最后工厂迟迟不能开工，开工后的产品也很难卖出去，最后总部只好忍痛割爱，将这家工厂搬到了另外一个国家，但这期间的耗资已覆水难收。

从这里我们能看出，我们在下定论前，只盯着事物的一面不一定能起到效果，而从多角度观察，全面把控，才能防止认知偏差。

皮特是某大型外企的新上任的采购部经理，新官上任三把火，刚到任的他，就有志在采购部做出一番成绩，他的目标是在刚到任的这一年为公司节省出五百万的材料费。于是，第一个月，他就派下属去考察市场和各个部门，找出需要采购的材料。经过调查，他发现，工程部需要采购一批钢材。随后，他动了动脑筋，怎样才能以最便宜的价格买到钢材呢？

很多公司知道皮特需要购进钢材，便与之联系，有家建材公司告诉皮特：他们的工地有批钢材，价格比一般的钢材便宜一半。为什么会这么便宜？他们称，这批钢材原本是为了建设一个大型娱乐会馆用的，但因为投资方撤资，所以建筑材料也就被废弃了。皮特很是高兴，真是天上掉馅饼了。于是，二话不说，他就与对方签订了合同，买了这批钢材，并以为会得到领导的嘉奖，但在进货后的第二天，他就接到了公司高层的通知——你被解雇了。到底是怎么回事呢？

原来，这批钢材在运回公司的时候，建筑工人发现，这批钢材的质地与一般钢材不同，便仔细观察了一下，这是一批劣质钢材，是无法作为建筑材料的。皮特了解后，赶紧与卖方联系，谁知，对方已经逃之夭夭了。等待皮特的，只有被解雇的悲剧，而他学到的教训是，无论做什么，都不可太天真。

皮特为什么会被解雇？皮特为什么会被骗？因为他在接受卖方提供的信息后，并没有进行核实，仅凭对方的几句话就轻信了对方，为公司带来了很大的损失。

在思维能力的培养中，良好的观察力是一个人智力发展的重要条件。然而，每个人的观察力不是自然而然形成的，它需要经过长期的观察实践和训练。然而，真正观察力的获得是需要运用逻辑思维的力量的，不动脑的观察也是无效的。

其实，科学探索是从观察开始的。英国物理学家法拉第曾说过："没有观察就没有科学，科学发现诞生于仔细的观察之中。"生活中，人们都会观察到"母鸡孵出小鸡"这一现象，可是，如果没有人去思考，像"发明大王"爱迪生那样去孵小鸡，我们今天能用到电热孵化器吗？如果瓦特没有积极思考水壶盖为什么被顶起，又怎么能发明蒸汽机呢？

在英国剑桥大学的卡文迪许实验室，一直坚持这样的规定：每天下午六点整，会有资历深的老研究人员，对在场的所有研究者宣布实验时间已到。如果谁听不进去继续做实验，那么，这位老实验人员就会搬出卢瑟福的话。因为卢瑟福说过："谁未能完成六点前必须完成的工作，也就没有必要拖延下去，倒是希望各位马上回家，好好想想今天做的工作，好好思考明天要做的工作。"卢瑟福的话意味着：在实验前、实验中、实验后都要进行认真思考，从此卡文迪许实验室的人记住了卢瑟福的忠告：别忘了思考！

可见，人们在不经意的观察中，要善于思考，发现问题、提出问题。正如爱因斯坦所说："学习知识要善于思考，思考，再思考，我就是靠这个方法成为科学家的。"

观察力说到底就是对一件事物的留心程度，对你身边的每一个人或者事都要细心地去看，去思考，无论它是多么的常见与平凡，重在观察后的思考。

总之，观察中，你要做到善辨多思。良好的观察品质是善于发现细小的但是很有价值的事实，能透过个别现象发现事物的本质以及事物间内在的、本质的、必然的联系，这就要求我们在观察中要开动脑筋，积极思考。

人和人之间，真正的差异体现在认知上

在了解"吊桥效应"后，很多人发出这样的疑问："如何做到冷静理性，而不被情感冲昏头脑，蒙蔽双眼？"有人回答说："当你的见识、阅历足够广泛，你的控制力也越来越好，才会看得更清楚，思考得更理智。"这句话可见，人和人之间真正的差异体现在认知上。对待自己、他人和周围的事物，看法不同，行为也会不同，得到的结果自然不一样。正确定义自己，不被外界蒙蔽头脑，不再自我消耗，才能摆脱"吊桥效应"的负面影响，抵达想要的人生高度。

中国人常说，学海无涯苦作舟，告诉了我们面对知识的海洋，个人的见识是多么的渺小。同样，古希腊大哲学家苏格拉底也告诉我们："智慧意味着自知无知。""知道得越多，才知道得越少。"他提醒我们：最大的无知就是不知道自己的无知。

任何人，认识到自己的无知就是进步的开始。这个世界从

第一章 了解吊桥效应：危险或刺激性情境下人的情绪体验有迷惑性

不缺少妄自尊大的人，却缺少能够真正意识到自己无知的人。越是有智慧的人，越能看到自己的无知。

有一个博士来到一家研究所里，成为了这个所里学历最高的一个人。有一天她到单位后面的小池塘去看鱼，正好有两个同事在她的一左一右钓鱼。"听说他俩也就是本科学历，有啥好聊的呢？"这么想着，她只是朝两人微微点了点头。不一会儿，一个同事放下钓竿，伸伸懒腰，蹭蹭蹭从水面上飞似地跑到对面上厕所去了。

博士眼珠瞪得都快掉下来了。"'水上漂'？不会吧？这可是一个池塘啊！"同事上完厕所回来的时候，同样是蹭蹭蹭地从水上"漂"了回来。"怎么回事？"博士刚才没去打招呼，现在又不好意思去问，自己可是博士生呐！过了一会，博士也内急了。这个池塘两边有围墙，要到对面厕所得绕十分钟的路，而回单位又太远，怎么办？博士也不愿意去问同事，憋了半天后，于是也起身想往水里跨，刚好，另外一个同事也准备起身上厕所，她一看，不能失了面子，赶紧在同事前面跨向水面。心想："我就不信这本科学历的人能过的水面，我博士不能过！我还让你不成？"

只听"扑通"一声,博士栽到了水里。两位同事赶紧将她拉了出来,问她为什么要下水,她反问道:"为什么你们可以走过去呢?而我就掉水里了呢?"两同事相视一笑,其中一位说:"这池塘里有两排木桩子,由于这两天下雨涨水,桩子正好在水面下。我们都知道这木桩的位置,所以可以踩着桩子过去。你不了解情况,怎么也不问一声呢?"

女博士虽然有高学历,可是她不懂得如何谦虚沟通,在一件小事中闹了一个笑话,更重要的是,这样的笑话被上司知道,她也因此丢了晋升的机会。

可见,无论我们有什么样的成就,都不要太把自己当回事。如果你觉得自己功勋卓著,觉得自己伟大,实际上,那是因为你的眼界窄,你只在有限的一点点空间里做比较,一个真正伟大的人,应当能够看得高远,既知道自己在自己的小环境中所处的位置,也知道在大环境下的处境。既能看到现在自己的成功或是不足,也能够预见未来自己的境遇和发展,这才是真正聪明的人应该做的。

的确,人是世界上最聪明的动物,因为人类总是善于向他人学习,学习其先进之处,进而不断变得强大,最终能够掌控世界。但人类最大的弱点也在于其过于聪明：能看清别人，却不能认清自己。我们善于对事物的某些物理属性探究到底，也总是去追求事物的本质特征，而对自己的本来面目却认不清楚。这是因为我们通常喜欢用眼睛，而不是用心去看待、审视自己，一个人，只有认清自己内心真正的想法，经常反躬内省，才能去善待他人。

生活中，我们应该全方位地审视自己。审视，是一种积极的自我超越，正如每日照镜子一样，没有审视地活着，实际上是对自我存在的极不负责的纵容。当然，全方位审视自己，不仅包括发现自己的不足，还包括明确自己的优势。相反，一味地吹嘘自己，你可能会暂时获得心灵上的某种满足感，但事实上，你不一定能获得他人的认同，而最为可悲的是，你会因此失去努力的动力。

谦虚使人进步，骄傲使人落后。一个人，只有保持积极进取的心态，承认自己的不足，才能认识到学无止境的含义，才能放开眼界，不断地吸收新的知识。因为一个谦虚的人能学到更多的东西。

第二章

吊桥效应与思维决策：别让外界的声音干扰你的理性判断

我们每个人的一生都要做出各种决策,大到择业、婚恋,小到出行、购物等。而人又是一种社会性动物,周围都有家人、亲戚、朋友和同事等。因此,在准备做出决策时,不可避免地会咨询他人的意见。这时,就很有可能陷入"吊桥效应"的陷阱中,对此,我们一定要训练自己的判断力,保持清醒的头脑,有自己的思考和判断,才能做出明智的决定。

有自己的判断，别盲目跟随群体

生活中，可能我们都有一个心理：无论做什么事情，有很多人支持你，你会有种安全感，进而大胆地去做；无论你说的观点正确与否，只要多数人同意你的观点，你便有胆量大声地说出来……这种心理活动不仅你有，你周围的人也都曾有过。周围的人都在做某件事的时候，我们也会受到影响，这就是从众心理。从众心理即个人受到外界人群行为的影响，而在自己的知觉、判断、认识上表现出符合公众舆论或多数人期望的行为方式，处于群体中的个体与单独时的个体的行为模式是不同的。

我们再来看下面的故事：

很久以前，一对父子俩想把家里的驴子卖掉。于是，在给毛驴喂饱后，他们就牵着毛驴来到某个村里。

村民们看到他们，指指点点地说："这两人肯定是傻子吧，要不为什么牵着驴，不知道骑呢！"

听到村民的话，父亲纵身一跃，骑到驴背上，继续赶路。儿子呢，走在前面牵着驴，继续慢慢地走着。

又过了不一会儿，他们又来到另外一个村子。

几个村民围过来说："真不知道这个孩子是不是亲生的！你看看，世界上居然有人这么当爸爸。他骑着驴倒是很舒服，就是孩子跟着走，可累坏了。他一点儿都不心疼呢，真是个狠心的人！"听到大家的指责，爸爸面红耳赤，赶紧跳下来，把儿子托举着，帮助他骑到驴背上。

他们的家距离集市比较远，要穿过好几个村庄。父亲牵着驴，儿子骑着驴，走得汗流浃背。

很快，他们又来到了第三个村子。此时已经是晌午了，年轻人都去地里干活了，街道上只有老人站着闲聊，一些老人看到这对父子俩，很气愤。他们指着儿子破口大骂："你们看看这个不孝子，年轻力壮的骑在驴背上偷懒，却让年纪大的老父亲跟着走，这是什么世道啊！"父亲听到了老人们的骂声，思来想去，决定也骑到驴背上。他心想，这样大家就无话可说了，等到走出村庄，看到四周没人，父亲便也骑到驴背上。

这头小毛驴还不够强壮,驮着父子俩,累得吭哧吭哧的。他们不停地吆喝着赶小毛驴往前走,生怕遇到什么人再说些不中听的话。

真是怕什么来什么,刚刚走了几步,一个年迈的老者迎面走了过来,看到小毛驴累得气喘吁吁,他毫不客气地指着父子俩大骂起来:"庄稼人都拿牲口当命根子,你们父子俩倒好,手脚健全的,居然不走路,来折腾这小毛驴,这小毛驴投胎到你们家真是瞎了眼,它这么累,要不了多久就会累死了。"

被老者一通教训后,父亲和儿子灰溜溜地从驴背上跳下来,再次牵着毛驴往前走。走着走着,父亲突然觉得不对劲,心想:"我们刚刚出门的时候就是牵着毛驴的呀,结果被人家骂作傻瓜。现在可不能再这样走了,要不然还得挨骂。"

现在怎么办?父亲和儿子一番商量后,决定抬着毛驴走,这样,其他人即使看到了,也没有理由再骂他们了。想到就做,父亲当即去找了一根树干当扁担,又找了些麻绳,把小毛驴结结实实地捆绑起来,四脚朝天地抬着往集市走去。

父子俩累得气喘吁吁,一直往前走,终于到了集市上,集市两边道路上生意人看到这对父子累得上气不接下气的样子，又看到毛驴是活的，不由得哈哈大笑。他们笑着喊道："快来看啊，天底下绝无仅有的傻瓜啊！活着的小毛驴，不牵着走赶着走骑着走，居然抬着走。大家都来看，这对抬驴的大傻瓜！"

在人们的嘲笑声中，父子俩顿时不知所措了，一时慌了神，又因为本身体力不支，身体一摇晃，差点摔倒，而小毛驴受惊过度，也挣扎起来，最终，父子俩抬着驴"扑通"一声掉进了一旁的河里。

在这个事例中，父子俩最终之所以如此狼狈，就是因为他们没有自己的主见，不管人们说什么，都不假思索地照着去做。假如他们能够坚定不移地按照自己的想法去做，不在乎别人说什么，那么不管是牵着驴赶着驴还是骑着驴，最终一定能够安然无恙地来到集市，卖掉小毛驴。最可笑的是，虽然他们不断地按照他人的评论去调整行为，最终还是被人骂作世界上绝无仅有的大傻瓜。

人都是独立的个体，对一个事物应该有自己主观的看法和评价，一味顺从别人的看法，你将找不到属于自己的路。然而，我们的生活中有这样一些人，他们已经习惯了听从他人的意见，甚至缺乏判断力和选择的能力，这样的人又怎么可能获得别人的尊重，又怎么可能独当一面呢？

为此，我们需要注意以下几点：

1. 要养成独立思考的习惯

不能独立思考，总是人云亦云，缺乏主见的人，是不可能做出正确决策的。如果不能有效地运用自己的独立思考能力，随时随地因为别人的观点而否定自己的计划，很容易使自己的决策出现失误。

2. 不要怕工作中的不足和失误

成就总是在经历风险和失误的过程中才能获得。懂得这一事实，不仅能确保你自己的心理平衡，而且还能使你更快地向成功的目标挺进。

3. 不要对他人抱有过高期望

不应全盘听从他人，但也不能对他人百般挑剔，要知道，希望别人的语言和行动都要符合自己的心愿，投自己所好，是不可能的，那只会自寻烦恼。

一个人，活着就必须要活出自我，就要学会支配自己的大脑，就要有自己的主张，这样才能保持一个人的格调。总之，我们一定要有自己的想法，要有自己的原则，当你认为自己的观点是正确的时候，没必要为了讨好别人而迎合别人，也没必要因为害怕得罪人而对别人的要求来者不拒。

面对谣言要理智

现代社会,网络技术飞速发展,信息的传播速度太快了,面对纷至沓来的信息,我们要有一定的甄别能力,否则很容易陷入"吊桥效应"的陷阱中,事实上,在这些信息中,有很多是"谣言",不假思索、全盘接受很容易成为谣言的听信者和散播者,"谣言止于智者"。在谣言面前,我们也要有一定的理性思考能力,要做到客观分析、理智面对,绝不轻信谣言,更不能随意散布传播谣言。

有这样两个小故事:

故事一:

有一个金矿主,在他去世后,灵魂随风飘荡,飘到了天堂门口前,他知道人死后最想去的地方就是天堂,因为天堂是死者的乐园,他也想进去,但是被看门的人挡在了门口,看门的人说:"你本来有资格住进来,但是不巧今天的名额已经满了，没办法让你进去。"这位金矿主很失望，但他并没有放弃，稍微思考了一会儿后，他就想到了办法。

他请求天堂门口的看门者让他对里面的人说一句话就行，看门者没有多想，就答应了，于是，金矿主扯着嗓子对里面的人喊："在地狱里发现黄金了！"天堂的门很快就打开了，里面的人蜂拥而出，连看门的天使都忍不住跟在后面跑。

看着蜂拥而出的人潮，这位金矿主也愣了愣，他自言自语道："不，我认为我也应该跟着他们走，万一是真的呢。"

故事二：

很久以前，在我国北方的一个小村子里，有个姓王的人家，家里人口不多，王老汉只有两个女儿，都已经出嫁，只剩下他和老伴儿。可是，家里没有水井，很不方便，王老汉常要跑到很远的地方去打水，家里甚至需要有一个人专门负责挑水的工作，因为王老汉年事已高，越来越感到体力不支了，因此，他便请人在家中打了一口井，这样便省了一个人力。

他非常高兴有了一口井，逢人便说："这下可好了，我家打了一口井，等于添了一个人。"有人听了就加油添醋："王家从打的那口井里挖出个人来。"

这话越传越远，全国都知道了，后来传到宋王的耳中，宋王觉得不可思议，就派人来王家询问，王家的人诧异地说："这是哪儿的话，我们是说挖了一口井，省了一个人的劳动力，就像是添了一个人，并没有说打井挖出一个人来。"

王老汉只不过一句感叹的话"等于添了一个人"，却经村民乃至全国的人添油加醋，变成"王老汉从打的那口井里挖出个人来"，上演了一场闹剧。

谣言的诱惑力就是这么大，当它越传越真、追随者众多的时候，连它的制造者也会把持不住，对眼前的良机总抱着"宁可信其有，不可信其无"的态度。的确，我们正处于一个快节奏的社会之中，新的潮流、新的变化每天都在发生，如果你缺乏必要的辨识能力，那就很容易被挟裹其中，迷失自己。

我们都有这样的体验，当听到许多人都靠某种方法发达的时候，心里总是蠢蠢欲动。但是我们要知道，在每一次选择中，依靠非专业的亲戚朋友所提供的建议显然不是好方法，即使他们是善意的，而且并未夸大其词，也不可以全部采纳。过去对他们来说行得通的事情，换一个时间段未必同样顺利，此外，因为每个人的客观条件不同，适合这个人的成功模式，另一个人复制过来未必有效。所以请千万不要相信社交场合中有关成功的"小道消息",那类场合绝非获得消息的好渠道,有潜力的项目必须是经过研究分析,并且是比较过风险、回报率、经济与市场状况而来的。

人们运用自己的客观分析所得出的结论,与耳朵里听到的信息往往存在着差异,我们要想最大限度地获得成功,唯一可以依靠的是自己灵活、敏锐的头脑。我们必须不断地接受新的信息,磨炼经营感觉,掌握许多与经营感觉相关联的技能。对于每天所遇到的事物怎么看待、怎么吸收,对眼前的事物怎么感受、怎么思考,要一点一点地磨炼下去。

当我们进入一个新领域的时候,常常会有一种矛盾心理:相信自己还是相信别人。因为环境所限,人们往往缺乏好的信息来源和意见参谋,他们所接触的,大多是廉价的观点和夸大其词的评论,它们只会干扰一个人的独立思考,并将其引入歧途。毋庸置疑,"知者不言,言者不知",任何一个认真而负责的分析者是不会到处兜售自己观点的,因为他们知道,市场上没有绝对正确的判断。

那些经历了大浪淘沙的成功者,大多足够理智、自信和耐心,并且能够战胜怕输的心理、从众的心理,冷静观察,独立思考,最终成就一番事业。

看似巧合的事，一定要仔细甄别

中国人常说："无巧不成书。"的确，我们的生活中，总是会发生一些凑巧的事。比如，你在大街上闲逛，却无意中碰到你的一个熟人；就在你离开某个地方后，该地却发生了一些天灾人祸……有些巧合的效果是正面的，有些却是负面的，当然，人们都喜欢前者。然而，生活中并不是所有的巧合都是因"巧"而来，也有可能是人们为了圆谎而故意制造出来的巧合。

现在，我们再回头来分析"吊桥效应"，现在婚恋市场上不少男男女女别有用心，为了"钓"到自己想要追求的对象，达成自己不可告人的目的，比如诈骗，也会利用"吊桥效应"来制造偶遇的巧合。比如上演一场英雄救美的戏码，让对方倾心于自己，但当你人财两空后，你才看清对方的真面目，也才发现，曾经那些所谓的缘分不过是对方制造出来的罢了。可见，对于单身男女来说，要注意一点，让你心动的未必是真爱,也可能是他人设置的陷阱,就等着你来跳呢。

除此之外,生活中,对于那些太过巧合的事,我们也要仔细甄别。比如,如果你在某个私人场合,恰巧碰到你的丈夫和他的私人秘书单独在一起,那么,你就要思考一下了;如果你的孩子在成绩公布那天正好把成绩单弄丢了,那么,你也要想一下他不是考得不好……生活中,值得我们仔细甄别的巧合实在太多了。我们再来看下面一个故事:

吴女士经营着自己的一家皮具公司,因为经营有道,她的公司生意红红火火。但最近,吴女士的丈夫在国外的事业做得更好,希望她能过去帮忙。这种情况下,吴女士只好着手把自己的公司转手,在和几个收购公司几轮谈判之后,她看好了一家实力较强的公司,这家公司负责谈判的人姓王。最终,吴女士想再和这家公司谈谈收购价格的事。

这天,双方再次坐在了谈判桌前。吴女士满以为对方会接受自己提出的收购价。谁知道,谈判进程到了一半的时候,姓王的经理却被手下人叫了出去。一阵嘀咕之后,对方又走了进来。

"王经理,发生什么事儿了吗?"吴女士问。

"是这样的，吴总，外地有一家我们想收购的公司，他们之前一直不肯合作，现在他们公司发生了火灾，目前正打算低价卖给我们，既然这样的话，我们自然愿意收购这家实力很雄厚的公司，当然，吴总您也很有诚意，如果您在价格上再让步一点的话，我们也不会再费精力去与那家公司谈……"对方王经理一连串说了很多话。吴女士静静听着，她哪里会轻信这些话，因为她相信天底下巧合的事是有，但这样也太巧合了，这家公司的火灾怎么来得那么不是时候，于是，吴女士说："王总，您看这样行不行，这事我一时半会也敲不定，我先跟我的几个董事们商量一下，会尽快给您回复的。"听到吴女士这么说，对方自然答应下来。

其实，吴女士这么做，是为自己赢取时间做调查。果然，不出吴女士所料，所谓的外地某皮具公司失火的事，只是对方编造出来的一个幌子而已，为的是杀价。在得知这一消息后，吴女士很快给这家公司回应："真对不起啊，几个董事们商量了一下，还是觉得这个价格已经很公正了，如果您觉得不能接受的话，那么，我们也很抱歉。"对方的答复果然也如吴女士所料——他们答应以吴女士开出的价格收购这家公司。

我们不得不佩服故事中吴女士的分析能力，在对方使出了一点小伎俩以企图杀价时，她并没有自乱阵脚，而是先为自己赢得时间，以调查对方所说是否属实，最终又赢回了谈判的主动权。

的确，在现实生活中的很多时候，我们也会遇到类似于故事中这样的巧合之事，聪明的你一定要学会仔细斟酌，不要被那些看似巧合的事蒙蔽了眼睛，有时候，对方制造巧合只是为了隐瞒自己的谎言。从这里，我们可以得出一条判断巧合是否属实的方法，那就是要学会察言观色，因为制造巧合属于谎言的一部分，人们在说谎的时候，会在神色、动作等方面露出破绽；另外，我们还要学会通过其他方法检验对方话语的真实性，就如同故事中的吴女士一样，可以先争取时间，然后再事后调查。当然，无论何种方法，都要我们多留一个心眼，对于那些太过巧合的事一定要仔细斟酌！

抑制怒气，千万别在盛怒下作决定

前面，我们分析了"吊桥效应"后得知，任何人，想要在处理问题的时候更为理性，都要排除外事外物的干扰，但其实干扰我们的，还有我们的内在情绪，尤其是愤怒。一位研究情绪的心理学家曾这样告诉人们："生气是一种最具破坏性的情绪，它给人们带来的负面影响可能远远超过我们的想象。"一个人在生气时，他的所作所为都是没有经过大脑思考的，处处有冲动的痕迹，虽然怒气在发泄的那一瞬间是顺畅的，但是，后果却需要我们自己承担。所以，我们要学会做一个智者，克制住内心的愤怒，不要生气，千万不要因为生气而说出愚蠢的话，做出愚蠢的行为。

为此，当你心有不快，想要通过发火的方式来发泄时，你可以通过语言的暗示来调整自己，以使自己的不快得到缓解。达尔文说过："人要是发脾气就等于在人类进步的阶梯上倒退了一步。愤怒总是以愚蠢开始，以后悔告终。"比如，你的朋友做了伤害你的事，你很想找他理论，并将他骂一顿，那么，此时为了不让事情出现严重的后果，你在冲动前可以告诉自己："千万别做蠢事，发怒是无能的表现。发怒既伤自己，又伤别人，还于事无补。"在这样的一番提醒下，相信你的心情会平复很多。

当然，我们除了要控制自己的情绪外，还要调整自己的心态。

米勒先生在刚开始创业的时候，由于竞争非常激烈，其他公司便不断地压低价格以求抛售货品。那时候，米勒先生还十分年轻，心想："事到如今，只有和他们拼了，这样才不会输给同行。"结果，为了这件事，米勒跑去与自己的师父磋商，听了米勒的决定之后，师父说："如果公司只有你一个人，你大可以这样做。但是你有那么多的下属，他们又都有家眷，身为公司的负责人，竟然要图一时之快，逞一时之强，这样不就连累了你的下属吗？"

米勒听了之后，觉得这话说得很有道理。经过再三考虑，米勒决定放弃和别的公司竞相抛售货品的想法。令人意想不到的是，没过多久那些顾客都选择了购买米勒公司的货品，并且十分信任他。也因为如此，米勒最终获得现在的成功。

"冲动是魔鬼"，这话说得很深刻。在生活中，很多人由于血性，在诸多事情上咽不下一口气，总是图一时之快，逞一时之勇，以至于事后后悔不已："我这是何苦呢？"实际上，不图一时之快，才能等到真正可以带来成功的机会，反之，图一时之快则会酿成终身苦果。

在生活中，我们不要图一时之快，有时候，虽然我们看到前方似乎是绝路，但生活是变化莫测的，人生的希望往往是在转角处。既然生活本来是一个圆，我们又何必执着于一时呢？图一时之快的人永远不会成功，他们最终只会自食其果，而且是难以咽下的苦果。只有当我们懂得变通的时候，才可以在人生的道路上无往不利，最后走出顺畅的人生之路。

那么，我们该如何抑制愤怒、克制冲动呢？

1. 要有务实精神

务实其实就是脚踏实地，不浮躁，只有学好基础知识，你才能开拓，否则，一切都是花架子。

2. 尝试着让自己平静下来

如果你的心无法平静的话，你可以尝试着先换一下环境，然后闭上双眼，深呼吸，慢慢放松，多尝试几次会好点。

3. 善于思考

成功者之所以会成功，是因为他们善于运用思维的力量，正像爱因斯坦的某些学说在当时被喻为"疯子式的假设和推论"，但后人证实他的理论并非错误，他的猜测并非虚幻；当布鲁诺用生命捍卫哥白尼"日心说"理论的时候，所有的人都认为他只是另一个"疯子"，而今天的我们确实认同了太阳系的概念。这些伟大的思维，无不是在磨难中形成的。

如果你想一个问题想得太过于复杂的话，可以尝试着问自己，自己想这个问题究竟是为什么，什么让自己变成这样，多问几次后，自己就可以了解自己的困惑，从而从心底去除这个杂念。

4. 学会做些放松训练

舒适地坐在椅子上或躺在床上，向身体的各部位传递休息的指令。先从左右脚开始，使脚部肌肉绷紧，然后松弛，同时暗示它休息，随后命令脚腕、小腿、膝盖、大腿，一直到躯干部休息，再从左右手放松到躯干。接着，从躯干开始到颈部、头部全部放松。这种放松训练的技术，需要反复练习才能较好地掌握，而一旦你掌握了这种技术，就可以在短短的几分钟内，达到轻松、平静的状态。

总之，任何时候，考虑问题应从现实出发，而不能凭意气热情，学会站在全局的角度看问题，你就能看得远，寻找出最好的解决方法。

被人质疑时,你会动摇吗

生活中,人们常说:"兼听则明,偏信则暗",无论是谁,在做决定之前,都应该认真听取别人的意见,这有助于我们更全面地掌握信息,但这并不代表我们应该让他人左右我们的思想。同时,"吊桥效应"告诉我们,如果一味地听取别人的观点,只会让我们的思维陷入混乱,甚至放弃自己的选择。

事实上,即便你是很有主见的人,你也有了自己的看法,但如果有十位朋友的看法和你相反,你就很难不动摇。这种现象被称为"韦奇定律",它是由美国洛杉矶加州大学经济学家伊渥·韦奇提出的。韦奇定律告诉我们,即使我们已经有了主见,但如果受到大多数人的质疑,恐怕你还是会动摇乃至放弃。但许多伟人之所以成功,就是因为比别人看得更高、想得更远,更坚定地忠于自己所做出的选择。

要摆脱被他人之言动摇的苦恼，我们就要训练自己的判断力。要坚定、勇敢、自信、果断，你若一直朝着目标前进，那么，他人一定会为你让路。而对一个摇摆不定、踌躇不前、走走停停的人，他人一定会抢到你前面去，决不会给你让路。

小泽征尔是世界著名的交响乐指挥家。一次他去欧洲参加指挥家大赛，在进行前三名决赛时，他被安排在最后一个参赛，评判委员会交给他一张乐谱。小泽征尔以世界一流指挥家的风度，全神贯注地挥动着他的指挥棒，指挥一支世界一流的乐队，演奏具有国际水平的曲子。

在演奏中，小泽征尔突然发现乐曲中出现不和谐的地方。开始，他以为是演奏家们演奏错了，就指挥乐队停下来重奏一次，但仍觉得不自然。这时，在场的作曲家和评判委员会权威人士都郑重声明乐谱没问题，只是小泽征尔的错觉，他被大家弄得十分难堪。在这庄严的音乐厅内，面对几百名国际音乐大师和权威人员，他不免对自己的判断产生了动摇，但是，他考虑再三，坚信自己的判断是正确的，于是，大吼一声："不！一定是乐谱错了！"他的喊声一落，评判台上那些高傲的评委们立即站立向他报以热烈的掌声，祝贺他大赛夺魁。原来，这是评委们精心设计的圈套。前面的选手虽然也发现了问题，但是他们被他人的言语所动摇而放弃了自己的观点。

为什么小泽征尔能做到"挑战权威"，并大胆地告诉评委们"不！一定是乐谱错了"？因为他能坚持自我，有很强的自我意识。倘若他不能坚信自己的判断是正确的，和其他几位选手一样，即使发现了问题，也不敢提出来，或者放弃自己的意见，那么，在这场比赛中，他也只能和其他选手一样，被淘汰出局。

我们的一生，经常会遇到一个个岔路口，向左走，还是向右走？如果你想往左走，但其他人都想向右，这时你会选择一个人勇往直前，还是去跟随众人的脚步？对一件事情大家众说纷纭，各执己见，莫衷一是时，你是旗帜鲜明地提出自己的观点，做报晓的雄鸡，还是人云亦云，做群鸣的青蛙？当你做出一个决定时，如果身边的人都不支持你，甚至怀疑、否定你，这时，你还会相信自己是正确的吗？你还会有勇气和决心来执行自己做出的决定吗？

有这样一位企业领导，他有个长处，那就是不受他人干扰，即使有人在他旁边唠唠叨叨，他也能静下心来把事情完成，并且，干净利落，决不拖泥带水。他那种明快果决的本领，十分令人折服。

然而，生活中的我们却做不到这样，我们常被身边的各种问题困扰，因为我们太容易被周围人们的闲言碎语所动摇，太容易瞻前顾后、患得患失，以至于给外部力量左右我们的机会。这样，似乎谁都可以在我们的思想天平上加点砝码，随时都有人可以使我们改变想法，结果弄得别人都是对的，自己却没有主意，这真是我们成功途中的一大障碍。

那么，具体来说，我们该如何做到控制自我意识，不为他人的言论所动摇呢？

1. 不要总是依赖他人

那些习惯依赖他人的人，才会把听从他人的意见当成一种习惯。因此，要树立并强化自我意识，我们就需要首先改掉这种不良习惯。你可以查一下自己的行为中哪些是习惯性地依赖别人去做，哪些是自作决定的。可以每天做记录，记满一个星期，然后将这些事件分为自主意识强、中等、较差三等，每周一小结。

2. 在具体事件中增强自控能力

对自主意识强的事件，以后遇到同类情况应坚持做。对自主意识中等的事件，应提出改进方法，并在以后的行动中逐步实施。对自主意识较差的事件，可以采取具体措施来提高自主意识。

3. 独立解决问题

要克服摇摆不定的习惯，就得在多种场合提醒自己独立解决问题。因此，生活中，你不要再让朋友或者父母当你的"贴身丫鬟"了，也不要让他人帮你安排所有事。让自己独立完成任务，比如，独立准备一段演讲词，独立地与别人打交道等。

人性有很多弱点，比如虚荣、自私、嫉妒、盲目等，其中，缺乏主见会影响到一个人一生的命运。所幸的是，这些弱点本身虽然与生俱来，很难彻底消除，但是我们可以想出办法来克服它们、抑制它们或者引导它们朝着有利于自我的方向发展。日常生活中，我们需要控制并强化自我意识，敢于坚持自我，决不能被他人之言动摇。

总之，我们每个人都有自己的人生目标，每个人的思维方式也不一样。一旦选定了自己人生的目标，选定了想要的生活方式，就不要用别人的看法来衡量自己的价值。做自己喜欢做的事情，坚持不懈，终成正果。盲目听信别人的评论，不加思考地采纳别人的观点，只能导致自己无所适从，迷失最初的方向，最终一事无成。

坚持你的选择，但也要根据实际情况加以调整

前面我们指出，要防止进入"吊桥效应"的误区，就需要我们有自己的主见，坚持自己的看法，不要因为外界的声音干扰判断。但即使如此，也不能保证我们当下的决定是万无一失的，这就要求我们懂得随机应变，根据事情的发展来调整计划。

可能你也曾有这样的经历：上级领导交给你一件任务，你也为此做了精心的准备，制订好了实施方案，在整个执行的过程中，你一鼓作气，认为完成得完美无瑕，而当你把工作成果交给领导时，却被领导批评说这份成果与原本的任务目标背道而驰。这就是为什么我们常常被上司、领导以及长辈们教导做事一定要带着脑子，一定要多思考，以防偏差。我们先来看下面一个故事：

悠悠是一名高三的学生，还有三个月她就要上"战场"

了。这天周末,姨妈来她家作客,悠悠陪姨妈聊天,话题很自然便转到悠悠高考这件事上了。

姨妈问悠悠:"你想上什么大学啊?"

"浙大。"悠悠脱口而出。

"我记得你上高一的时候跟我说的是清华,那时候你信誓旦旦说自己一定要考上,现在怎么降低标准了?悠悠,你这样可不行。"

"哎呀,姨妈,咱得实际点是不是,高一的时候,树立一个远大的目标是为了激励自己不断努力。但到了高三了,我自己的实力如何我很清楚,我发现,考清华已经不现实了,如果还是抱着当初的目标,那么,我的自信心只会不断降低,哪里来的动力学习呢?您说是不是?"

"你说得倒也对,制订任何目标都应该实事求是,而不应该好高骛远啊。看来,我也不能给我们家倩倩太大压力,让她自己决定上哪个学校吧。"

这则案例中,悠悠的话很有道理。的确,任何计划和目标的制订,都应该根据自身的情况做出,不切实际的目标只会打击我们学习的自信心。诚然,我们应该相信自己的判断、坚持自己的目标，但这并不代表我们应该固守目标、一成不变。很多专家为那些求学的人提出建议，要不断地调整自己的目标。也许你一直向往清华北大，一直想能排名第一，但是如果自己的成绩经过努力仍无法提高的话，就应该调整自己的目标，否则不能实现的目标会使你失去信心，影响学习效率，因此有一个不切实际的目标就等于没有目标。

其实，不仅是学习，工作中我们也要及时调整自己的计划。我们做事不能盲目，制订策略的第一步应该是明确自己的目标，有目标才会有动力，有了动力才能够前进。但在总体目标下，我们可以适当调整自己的计划，这正如石油大王洛克菲勒所说的："全面检查一次，再决定哪一项计划最好。"任何一个初入职场的年轻人都应该记住洛克菲勒的话，平时多做一手准备，多检查计划是否合理，就能减少一点失误，就会多一份把握。

在做事的过程中，当我们有了目标，并能把自己的工作与目标不断地加以对照，进而清楚地知道自己的完成速度与目标之间的距离，我们就会自觉地克服一切困难，努力实现目标。

另外，即使我们依然在执行当初的计划，但计划里总有不适宜的部分，对此，我们需要及时调整。也就是说，当计划执行到一定阶段以后,你需要检查一下做事的效果,并对原计划中不适宜的地方进行调整,一个新的更适合自己的计划将会使今后的工作更加有效。

总之,我们应该根据自己的实际情况,制订一个通过自己的努力能够实现的目标,并且目标的制订不是一成不变的,要根据实际情况不断进行调整。经过一段时间的实践,你一定能够确定一个给自己带来源源不断的动力的目标。

第三章

吊桥效应与自我成长：在可控范围内"制造吊桥"能督促自己进步

在了解"吊桥效应"后,我们明白了如何防止外界的"吊桥"对我们思维和认知的干预。但反过来,我们还应看到"吊桥"的积极意义,也就是在可控范围内"制造吊桥"可以激励自己更快、更好地进步。"制造吊桥"的方法和途径有很多,比如主动学习、求教前辈、迎接困难等,但无论哪种途径,只要我们保持开放的心态、积极努力,就能督促自己进步,进而获得成长。

主动迎接挑战，为自己注入成长的力量

前面我们已经指出，在思维决策中，外界的"吊桥"会扰乱我们的思绪，我们只有提升自己的判断力，才能防止决策被干扰，但在可控范围内"制造吊桥"却可以激励自己更快、更好地进步。所谓的"制造吊桥"，就是主动迎接挑战，这是让自己快速进步的绝妙方法，正如有句话所说："保持有规律的输出，倒逼自己输入，才是最直接的成长方式。"

被誉为"经营之神"的稻盛和夫在创立京瓷的时候，曾接到一笔美国计算机巨头IBM公司制造"IC用集成电路基板"的大宗订单。

这对于京瓷公司来说是个极好的机遇，因为可以通过这次合作来提高技术和知名度，但令稻盛和夫感到沮丧的是，IBM对产品的规格要求太严格了，甚至可以说是苛刻。一般来说，对于这样的产品，要求规格书大概是一页纸，但IBM的却足足

有一本书那么厚。

但稻盛和夫并没有放弃，他带领员工努力实验。后来，符合规格要求的产品终于做出来了，但还是被打上不合格品的烙印退了回来。

此时，面对尺寸精度比以前高一个数量级的产品要求，京瓷公司甚至连达到他们要求的仪器都没有的情况下，有些员工想放弃了。面对消极气馁的员工，稻盛和夫严加申斥，指示他们竭尽全力，干其应该干的，努力提高技术。尽管如此，进展仍然不顺利。无计可施之时，稻盛和夫对在锅炉前烧制陶瓷、茫然无措的技术负责人问道："你向神灵祈祷了吗？"其实，稻盛和夫想问的是他是否已经拼尽全力了，已尽人事，剩下的就只好听天命了。

经过反复努力，京瓷公司终于成功开发出满足要求、水准极高的、"崭新的"产品。

稻盛和夫在《活法》一书中谈到："能够完成一件新工作的人是坚信自己的'可能性'的人。所谓可能性，是指'将来的能力'，如果根据现在的能力判断自己'行还是不行'，那就永远也做不成新的事情或困难的事情。相信自己的可能性，给自己制订一个超出现有能力水平的更高目标,并为在未来某一时刻实现目标而倾尽全力。此时你所需要的是使自己的'愿望'像不灭的火焰一样持续燃烧。这样成功或成绩就会如期而至,自己的能力也能够得到提高。"

从稻盛和夫的这段话中,我们看到了他在追求成功的过程中所付出的热情,而正是这股热情,让他克服了很多工作中出现的问题。

稻盛和夫告诉我们,对看似高不可攀的目标,毫不畏缩,倾注极大热情,一心一意地钻研,这使我们自身的能力得到惊人的提高,或者说让沉睡中的巨大潜能迸发出来。

同样,也有人问丘吉尔,成功有什么秘诀,丘吉尔的回答是:"我的成功秘诀有三个:第一是,决不放弃;第二是,决不,决不放弃;第三是,决不,决不,决不放弃。"这种永不放弃的决心就是成功的制胜宝典。当然,要拥有这样的热情,我们必须要有一个相信自己能成功的心态和信念。

福特汽车公司的创始人亨利·福特决定生产V-8型引擎。这是一个创造性的想法,在当时,连底特律最杰出的工程师都认为这是不可能的。但亨利·福特下决心无论如何也要生产出这种引擎。他对那群一筹莫展的工程师们说:"只要去做,没有什么是不可能的。"

一年很快就过去了,工程师们几乎试了所有办法,就是无法攻破技术难关。他们找到福特再一次强调"这事根本不可能实现"。但福特并没有灰心,他命令工程师们继续去做。

又是半年过去了,工程师们做了成千上万次的实验,回答结果仍然是:"根本行不通!"

"继续做,放心做下去。普通人觉得不可能的事情最有价值,我不是普通人,你们也要超越普通人。"福特仍然没有放弃。

又是一年时间很快就过去了,工程师们还是没有任何进展。"继续做!"福特执着而坚定地说,"我就是要八缸引擎,一定要做到!无论如何都要做到。"

终于,奇迹出现了,工程师们找到了诀窍,最终设计出了V-8型引擎。"简直太不可思议了,我们成功了。"当工程师们击掌相庆时,亨利·福特也露出了欣慰的笑容。

在很多人看来,生产这种V-8型引擎是完全不可能的。但福特却不这么认为,他认为"只要去做,就没有什么不可能"，而实际证明，他的话是正确的。

其实，除了追求理想，即使是生活中的小事，你也应该做到迎难而上，只要你满怀希望地朝着目标努力，相信你终会找到解决问题的方法。因为问题中总是孕育着机会，只要坚持多一分钟，就可能迎来光明。

尽管我们常说人生只有坦然迎接挑战，才能不断蜕变和塑造自己，但是当真正面对挑战时，依然有很多人感到畏缩和怯懦。他们甚至因为害怕挑战，对人生失去希望，也导致自身胆怯软弱，从而使得人生止步不前。

的确，困难会给人带来痛苦，也会让人生充满苦涩。但是只有真正经历过困难的人才知道，困难并非只有负面的、消极的作用，当我们以一颗坚强的心面对困难，最终才能够在困难之中凤凰涅槃，让我们的人生浴火重生。

用目标激励自己才有进步的动力

在前面的内容中我们提出,任何人要想成长,都要在可控范围内"制造吊桥"。要"制造吊桥",我们首先得有一个明确的目标。我们评价一个人是否真正成长了,看的从来不是他的语言,而是看他行为的成果,要做出成果首先就得有目标,有目标才有进步的动力。

罗马纳·巴纽埃洛斯是美国第34任财政部长。但谁知道,她年轻时在墨西哥曾过着十分贫穷的生活,她16岁就结婚了,并育有二子。虽然后来失去了丈夫的支持,需要独自抚养两个儿子,但她始终认为自己一定会让两个孩子和自己都过上体面且自豪的生活。

于是,在梦想的支撑下,她口袋里装着7美元,带着两个儿子乘公共汽车来到洛杉矶寻求更好的发展。

到了美国后,她一开始做洗碗的工作,后来,她找到什么工作就做什么工作,她拼命存钱,在有了400美元的存款后,便和自己的姨母开了一家玉米饼店。结果非常成功,随后又开了几家分店,后来,她经营的小玉米饼店成为全国最大的墨西哥食品批发商,拥有员工300多人。

在有了一定的经济基础后,巴纽埃洛斯便将精力转移到提高她美籍墨西哥同胞的地位上。她和许多朋友在东洛杉矶创建了"泛美国民银行"。这家银行主要是为美籍墨西哥人所居住的社区服务,如今,银行资产已增长到2200多万美元。但她的成功确实来之不易。当初,有人告诫她说:"美籍墨西哥人不能创办自己的银行,你们没有资格创办一家银行,这永远不会成功。"就连墨西哥人也说:"我们已经努力了十几年,总是失败,你知道吗?墨西哥人不是银行家呀!"

但是,罗马纳·巴纽埃洛斯始终不放弃自己的梦想,努力不懈。后来,这家银行取得巨大成功的故事在洛杉矶传为佳话,巴纽埃洛斯也成为美国第34任财政部长。

人只有树立了目标,内心的力量和头脑的智慧才会找到方向。而没有目标的人,就像一个无头苍蝇,撞到哪里就是哪里,他们默默地来,又默默地离去,心中那一座无价的金矿,也因不开采而与平凡的尘土无异。

聪明的人，有理想、有追求、有上进心的人，一定都有一个明确的奋斗目标，他懂得自己活着是为了什么。因而他所有的努力，从整体上来说都能围绕一个比较长远的目标进行，他知道自己怎样做是正确的、有用的，否则就是做了无用功，或者浪费了时间和生命。显然，成功者总是那些有目标的人，鲜花和荣誉从来不会降临到那些没有目标的人的头上。

目标是一切成就的起点。只有确立了前进的目标，我们才能最大限度地发挥自己的潜力。只有在实现目标的过程中，我们才能够检验出自己的创造性，调动沉睡在心中的那些优异的、独特的品质，才能锻炼自己、成就自己。人生不在于时间的长短，而在于生命质量的高低，如果你不甘平庸，就从现在开始，为自己制订明确的目标并为之努力吧！

以下是我们要树立和达成人生目标的过程：

1. 关注未来，不要满足于现状

独具慧眼的人，往往具备人们所说的野心，是不会因眼前的蝇头小利而放弃追求梦想的，他们一般极有远见，关注未来。

2. 为自己拟定各个阶段的目标与规划

长期目标（5年、10年或15年）：这个目标会指引你前进的方向，因此，这个目标能否定好，将决定你很长一段时间是否在做有用功。当然，长期目标还可以使我们不拘泥于小节。东西离你越远，就显得越不重要。

中期目标（2—5年）：也许你希望自己能拥有房子、车子、升职等，这些就属于中期目标。

短期目标（1—2年）：这些目标就好像是在一场淘汰制比赛的预赛中胜出，它能鼓舞你不断努力、不断前进。这些目标提示你成功和回报就在前方，鼓足干劲，努力争取。

即期目标（周、月、季、年）：它们是你每天、每周都要确定的目标。每天当你醒来时，你就需要告诉自己：今天我要达到什么样的突破，而当你有所进步时，它能不断地给你带来幸福感和成就感。

总之，任何人都要尽早为自己确定一个明确的长期奋斗的目标，及时为自己的幸福人生规划一张蓝图。把自己最大的梦想标在最顶部,再从下往上,把你每个年龄阶段要做的事情、要实现的小目标,都标注出来,然后按照这个线路图一步一个脚印地前进,总有一天,你会登上成功之巅!

切割你的目标，指导你在短时间内的言行举止

前面，我们已经指出，确立目标是"制造吊桥"，主动获得成长的重要方面。的确，只有不断地按照目标的指引努力向前，只有全力以赴做好该做的事情，只有一步一个脚印在人生中留下扎扎实实的印记，我们的人生才会更加绚烂多彩，我们的未来才会更加美好。

然而，如果目标太远大，即使我们非常努力，也无法马上到达理想的彼岸。人生，总是需要一些激励的，如果始终都在刻苦努力却没有收获，我们会感到身心俱疲，也会因为内心的惶恐不安而陷入焦虑紧张的状态中。在这样的情况下，我们就要学会分解和切割目标。

在一次日本的马拉松国际友好比赛上，日本选手山田本一获得了冠军。

在此之前，山田本一始终默默无闻，不被人关注。在这场

马拉松比赛的结果出来后，很多记者闻讯纷纷赶来，都想在第一时间采访他。

记者问他是怎么获胜的，他的答案只有六个字："凭着智慧取胜。"

得到这个回答，记者们显然不太满意，因为大家都知道，跑马拉松需要耐力和毅力，甚至爆发力都不能让人在比赛中获胜，智慧又与马拉松有什么关系呢？

记者们以为山田本一在故弄玄虚，都很不以为然，也觉得山田本一获胜只是偶然事件。

然而，让记者们感到意外的是，在几年之后举行的又一次马拉松比赛中，山田本一又获得了冠军。这下子，人们对于山田本一的好奇心更加强烈：如果说几年前山田本一是打主场的，那么现在山田本一则是客场，为何还能取胜呢？依然有记者采访山田本一如何取胜，山田本一的回答一如既往：凭着智慧取胜。

记者们还是不以为然，还是觉得山田本一在故弄玄虚、假装神秘。直到若干年后山田本一出版了自传，人们才从他的自传上了解到他是如何凭着智慧取胜的。

原来，山田本一在参加每次比赛前，都会亲自来现场观察赛道，还会拿着纸笔把赛道上一定距离的标志物画下来。例如，道路两侧的房子、公园、超高的地标性建筑、古树等。他会牢牢记住这些标记物，在跑步的过程中，山田本一会以这些标志物为自己的小小终点，每到达一个终点，他都会得到激励并获得力量继续向前跑去。这样，哪怕是漫长的马拉松比赛，也被他划分出了很多个短的赛道，山田本一在比赛的过程中可以始终保持热情和活力。而其他的马拉松选手呢？一想到自己已经跑得很辛苦了，但是目标却遥遥无期，他们难免觉得很疲惫和沮丧，也就无法做到继续全力以赴地奔跑。正因为如此，山田本一才坚持说自己的胜利是凭借智慧取得的。

山田本一说得没错，他的确是凭着智慧取胜的。实际上，人生也是如此。当目标过于远大，实现起来遥遥无期，就会让坚持努力的人们产生深深的挫败感，也会导致他们不愿意继续努力向前。实际上对于人生而言，远大的目标固然是必不可少的，但我们还要学会把目标进行分解，让远大目标变成中期目标和短期目标。

具体来说，我们可以这样做：

1. 要为目标设定一个可以做到、同时又有一定挑战性的期限

比如，你想写一本书，这是你的大目标，但是如果你不给自己设定时间限制的话，你总觉得时间还多，于是不断地拖延下去，也许等你垂垂老矣，依然没有动笔开始写。

相反，假如你有时间限制，比如今年完成多少，什么时间前必须写完，那么，你就有了约束，也就有了动力。

当然，我们设置的这个期限需要有一定的紧迫性，才能鞭策我们。但同时还得合理，任何一件事的完成都不可能一步登天。

2. 将你的目标切割、划分

一些人在为自己确立人生目标和规划的时候，会有些不切实际，其实，我们谁也不能一口吃一个胖子，一锹挖好一口井。比如你现在月薪是2000，你就不能奢望自己换一份工作就能达到20000，你可以一步步实现你的宏伟目标，你可以先设定到3000、4000，然后慢慢地接近10000，最后达到20000。

这就是我们所说的目标切割法，一般长远的计划都需要一定的时间方能完成，且有一定的难度，如果只制订一个长远计划且只按照这一目标去行动，那么，在短时间内你很难看到效

果，这自然会挫伤你的积极性。所以要把长远目标分解成无数小目标，这样更容易达成。每天都进步一点，向终极目标又迈进了一步，可以提高自己的积极性。

3. 不断总结问题

任何事干起来都会遇到或多或少的困难。在确立目标时，不妨把可能出现的困难加以列举，对困难先有一个心理准备，做一些必要的防范，在真正碰到困难时才不会手忙脚乱。当然，很多困难都是无法预知的，最关键的还是要有战胜它的决心，以积极的心态想方设法解决，才会让事情有转机。

吊桥效应

主动接近优秀的人与环境能更快地成长

自古以来,努力一直是被人们认可的一种可贵的品质,而且被认为是成长的必需条件。但为什么有些人明显比别人努力却表现得不如人意呢?这很可能是因为我们忽略了一个重大的隐性因素:环境。如果一味抛开环境影响而谈努力,那是不现实的。因此,努力接近优秀的环境,也是我们所说的"制造吊桥"的一大方法。有时候,我们与其在不良环境中自怨自艾,不如跳出圈子、靠近积极的环境。

这道理早在两千年前,就被孟子的母亲知晓,这才有了"孟母三迁"的故事——她为了培养自己的孩子,几度搬家。孟母三迁的典故早就告诉我们:靠近更好的环境是"借力"努力的上上策。

孟子,名轲,战国时期鲁国人,三岁时父亲去世,由母亲一手抚养长大。孟子小时候很贪玩,模仿性很强。他家原来住在坟地附近，他常常玩筑坟墓或学别人哭拜的游戏。母亲认为这样不好，就把家搬到集市附近，孟子又玩模仿别人做生意和杀猪的游戏。孟母认为这个环境也不好，就把家搬到学堂旁边。孟子就跟着学生们学习礼节和知识。孟母认为这才是孩子应该学习的，心里很高兴，就不再搬家了。这就是历史上著名的"孟母三迁"的故事。

对于孟子的教育，孟母十分重视。除了送他上学外，还督促他学习。有一天，孟子从老师子思那里逃学回家，孟母正在织布，看见孟子逃学，非常生气，拿起一把剪刀，就把织布机上的布匹割断了。孟子看了很惶恐，跪在地上请问原因。孟母责备他说："你读书就像我织布一样。织布要一线一线地连成一寸，再连成一尺，再连成一丈、一匹，织完后才是有用的东西。学问也必须靠日积月累，不分昼夜勤求而来。你如果偷懒，不好好读书，半途而废，就像这段被割断的布匹一样变成了没有用的东西。"

孟子听了母亲的教诲，深感惭愧。从此以后专心读书，发愤用功，身体力行、实践圣人的教诲，终于成为一代大儒，被后人称为"亚圣"。

孟子的母亲因为怕孟子受到坏邻居的影响连搬了三次家，这就说明了"榜样"的作用。

不过，现代社会，"靠近环境"的成本太高。比如，父母想要孩子进一所好学校，需要买高价学区房，并非每个家庭都有这样的经济能力，大多数人在大多数时候都很难快速摆脱现状。但是，"不能快速摆脱"不代表"不能摆脱"。仅仅意识到这一点，就足以使我们对未来产生信心和希望，即使当前身处逆流，即使承受一定的损失和风险，也要去牛人扎堆的地方或有更多学习机会的环境，为未来的跳跃做准备。

在个人的成长上，我们也可以说在某种程度上，环境的力量远超个人努力，只是很多人会天然地无视或忽略这一点，认为只要努力就可以成就自己。毕竟努力是看得见的，而环境却因为自己身在其中而被忽略，甚至根本察觉不到。所以很多人要么麻木地生活，不知思变；要么盲目地努力，承受着事倍功半之痛。我们唯有正视环境、看清环境，才能有意识地躲避环境中的不良影响。

我们的生活环境决定了我们每天要见哪些人、做哪些事，这些人和事会直接影响我们的思维和言行。因为人类大脑中有镜像神经元，它会让我们无意识地模仿身边的人和事。所以当周围的人经常做什么事情时，我们也会不自觉地去学着做。

也就是说，当你周围的人都在学习时，你也会不自觉地学，当身边的人成天无所事事玩游戏时，我们也更容易跟随他们放纵自己。这些都是潜意识活动，我们可能根本意识不到自己在受影响。

这也解释了另一种现象：一些人学习成绩好，可是他们自己也搞不清到底为什么。但如果追溯他们从小生活的环境，总能找到一点线索：他们在某些特定环境的影响下，形成了学习动力、方法或专注度上不可察觉的优势。

可见，在物理上尽可能接近优秀的人和环境，比待在原地不动要主动和明智得多。

唯有主动学习、汲取知识的人才能掌握未来

生活中,人们常说,人可以拒绝一切,但不能拒绝成长。成长应该是主动的,其中主动学习、汲取知识就是"制造吊桥"、提升自己必不可少的途径。事实上,现实生活中,有太多人空有大志却不肯低下头、弯下腰,不肯静下心来努力学习,不肯从身边的本职工作开始积聚自己的力量。要知道,只有一步一个脚印,踏实、不浮躁地学习、积累经验,才能为成功奠定基础。而实际上,这正是不少人所欠缺的,有些时候,他们总是怨天尤人,给自己确立一些虚无缥缈的终极目标。而每一个成功者,他们的成就都不是一蹴而就的,他们成功的不变因素都是努力学习。

苏格兰散文家卡莱尔曾经说过这样一句话:"天才就是无止境刻苦勤奋的能力。"没有艰辛,便无所获。我们每个人都要明白,真正的知识是没有尽头的,正如有句话说"吾生也有涯,而知也无涯"。如果你想不断适应变化速度逐渐加快的现

今社会，就必须无止境地学习，把学习当成一项终生的事业，并把这项事业贯彻到每天的生活中，如衣食住行一般。

一天，一位教授正在为自己的学生授课。

即将下课时，教授对学生说："现在离下课还有几分钟，我们来做个小实验吧。"说完，他拿出一个瓶子，将一些拳头大小的石头放进瓶子里，直到石头堆到瓶口。此时，他问学生："瓶子满了吗？"

"满了。"所有的学生都回答：

他反问："真的吗？"说完，他拿来一些更小的砾石，将这些砾石都放了进去，这样，瓶内很多空间都被砾石占满了。

"现在瓶子满了吗？"这一次学生有些明白了，"可能还没有满。"一位学生说道。

"很好！"然后，他再拿来一些细小的沙子，这些沙子也轻松地被装到瓶子里，瓶子已经被填得满满的了。

"那么，现在满了吗？""没满！"学生们大声说。然后教授拿一壶水倒进玻璃瓶直到水面与瓶口齐平。

这是一个充满哲理的故事，它告诉人们，我们的内心和头脑就如同这个瓶子，很多时候，我们认为自己获得的知识、技能已经足够多了，而实际上，在瞬息万变的当今社会，真正的危险不是经验的不足，而是故步自封，跟不上时代的步伐。一个人要想成功，勇气、努力都必不可少，但更重要的是要懂得与时俱进，要懂得不断收集各种资讯，使自己对环境和所追求的事业有更充分的了解。因为一个人只有了解越多，才越有应变的能力。

同样，在成长中，我们也只有稳扎稳打学好各种知识，才能从容地面对各种挑战。否则，只顾吃喝玩乐，不干正事，不务正业，那么，只能"书到用时方恨少""少壮不努力，老大徒伤悲"了。

而当今社会，竞争的日益激烈告诉我们每个人，只有知识才能改变命运，只有学习才能突破，才能具备竞争力。知识就是力量，也是使人的精神变得勇敢的最好途径。对此，你可以做到以下几点：

1. 多考虑自己的现在和未来，认识到学习的重要性

实际上，我们都知道学习的重要性，但这些往往是泛泛之谈，并不能起到任何实质性作用。而一旦将学习的重要性与自身情况相结合，比如根据自己的兴趣树立人生目标和理想，努

力学习就具备了可实施性。

2. 树立不断学习的理念

学海无涯，知识是没有尽头的，而同时，现今社会知识更新速度之快更要求我们具备不断学习的理念和行动。

3. 付诸行动，坚持每天学习

任何知识的学习都需要持之以恒地坚持才能收到效果，也只有这样，才能不断拓展自己在该领域的认知广度和专业深度。

另外，在学习的过程中，你还要有善于总结的习惯。无论学习的效果怎样，只有做到及时总结，才能及时反省，尤其是对于错误和失败。要知道，成功要在错误中学习，因为只要能从失败中学得经验，便永不会重蹈覆辙。失败不会令你一蹶不振，这就像摔断腿一样，它总是会愈合的。大剧作家兼哲学家萧伯纳曾经写道："成功是经过许多次的大错之后得到的。"

总之，对于学习，你只有与时俱进，以高标准的要求和精益求精的态度，聚精会神抠细节，才能实现突破。

向优秀者学习，丰富你的大脑

前面，我们已经指出学习对于成长的重要性，主动学习更是"制造吊桥"的途径。于是，为了丰富自己的大脑，不少人进修、上电大、参加培训等，这固然是学习的良好方式，但我们还忽略了一点，为什么不向那些前辈、优秀者学习呢？另外，对于那些精力有限的人来说，这种学习方式可以节省时间，不至于影响工作和家庭生活。

事实上，即便是那些已经功成名就的人，也不忘向他人学习。前世界首富山姆·沃尔顿，他创立了沃尔玛公司，资产已经超过了250亿美金。山姆·沃尔顿以前就会不断地去考察竞争对手的店面，不断地想他到底哪里做得比自己好。回去之后就问自己，以及自己的员工：那我们要如何做得比竞争对手更好？我们到底有哪些服务不周的地方需要改善？

生活中的你可能会觉得自己比他人聪明、学习能力比他人强，但你更应该将自己的注意力放在他人的强项上，只有这样,你才能看到自己的肤浅和无知。谦虚会让你看到自己的短处,这种压力会促使你在事业上不断地进步。实际上,历史上许多杰出的人士都非常注重向他人学习。同时,一个人有才能是件值得佩服的事,如果再能用谦虚的美德来装饰,那就更值得敬佩了。

当然,我们若想获得优秀者们的帮助,还得注意请教的方式。试想,一个不苟言笑、冷漠、拒人于千里之外的人,别人会乐意帮助他吗?

刘雪是一个沉默寡言的人,不太喜欢与人交流。她每天一走进办公室就忙着处理手头的工作,从来不会主动地跟同事们说话,即使有人主动跟她交流,她也是你问一句就答一句,从不赘言。下班后,她也不参加任何活动,径自回家静静地想着怎样将工作做好。

陈燕是刘雪合租的女伴,两人的性格完全不同。陈燕喜欢与人交往,也有很多的朋友。她经常劝刘雪不要老是一个人待着,让她多出去走走,多认识几个人,这样不仅会对将来的发展有好处,心情也会有所好转。刘雪每次都对她的劝解一笑置之,还是像以前那样过着自己的生活。她觉得只要自己把工作做好就能获得丰厚的回报，而交际只能让自己在工作上分心。

后来，刘雪被调到了销售部，开始和其他销售员们一起进行市场推销工作。可是，她对销售工作缺乏了解，不知道如何推销产品，自然她的业务成绩很不理想。她想向那些有经验的业务员们请教一些经验，但就是抹不开面子。

刘雪一筹莫展的这段时间，陈燕却春风得意：她不仅坠入了爱河，还晋升为公司某部门的主管。

某天，刘雪突然对陈燕说自己很羡慕她，觉得她特别幸运，而自己的命却很不好，新的同事们似乎都排挤她，手头的工作也不知道如何开展。陈燕听后淡淡一笑，对她说："你怎么不求教那些销售老手呢？"

"我和他们没交情啊，怎么好意思呢？"

"任何交情都是一步步建立的，我们俩当初还不是不认识，后来不也是好朋友吗？再说，你要是虚心请教，我相信他们不可能不帮你的。"

刘雪想了想，决定按照她的建议试试看。

从那天开始，刘雪便随时随地提醒自己要有所改变。她尝试着主动与同事打招呼；尝试着仔细倾听并加入同事们的聊天；下班后也不再急匆匆地往家赶，而是积极参与同事或朋友们的聚会……刚开始，这些改变让她觉得很不适应，但是她还是坚持着做了下来，慢慢地也就习惯了。

而她的工作状况也较以前有了很大的变化，有时，即使她没有求助，同事们也会主动帮她做些事，那些老前辈们更是主动指点她在工作中的不足。渐渐地，刘雪在销售部做出了自己的成绩，她确实感到了自己的变化：以前那副深锁眉头、面无表情的脸孔被笑脸所取代，那有意无意之间发出的叹息声变成了快乐的笑声。

这里，我们看到了销售新手刘雪的职场成长经历，更看到了同事对她的帮助。在现实生活中有很多像刘雪这样的人，遇到问题不愿意向周围的人请教，更愿意独来独往。其实，及时请教，不仅能改善你的人际关系，还能让你在工作上更有热情，有这样一股动力，成功指日可待。

那么，在请教的过程中，我们该注意哪些问题呢？

1. 知礼节

知礼节，是当代社会交往的重要部分。向他人请教，要彬彬有礼，讲究分寸。如果不分场合，不看对象，对任何人都表现得亲热，心直口快，喜欢攀谈，就可能引起对方或他人的误会,使双方都感到尴尬,从而影响正常的交往。

同时,在生活中,如果向异性请教问题,注意不请教个人隐私问题。即使彼此十分了解,是知心朋友,也必须控制自己,不要轻率冒昧。

2. 适当示弱

比如,工作中,聪明的人就不会整日缠着前辈说好话,而是会主动制造机会,让对方帮助自己,以显示对方的能力与水平。这样,一旦满足了对方好为人师的心理,他们自然愿意帮助你。同时,在与老前辈打交道的时候,一定要谨言慎行,万不可自命不凡,获得老前辈的支持,你在成功的路上便会如虎添翼!

3. 未雨绸缪,搞好人际关系

如果你渴望成功,渴望拥有优质的生活,那么,千万别忘了积累人脉。良好的人际关系是通向成功的捷径。你或许从没有去过好莱坞,但你绝不会不知道好莱坞最流行的一句话——"成功,不在于你知道什么或做什么,而在于你认识谁。"美国石油大王约翰洛克菲勒也说过:"与人相处的本领是最强大的本领。"因此,如果你希望在关键时刻得到他人的帮助,就不要忘记在平时就处理好自己的人际关系!

然而，要做到真正地向他人学习，还需要你做到持之以恒。三天打鱼、两天晒网、见异思迁的学习是不能产生令人满意的效果的。向他人学习，必须从不自满开始，无论取得多好的成绩，都不能停滞不前。

第四章

吊桥效应与人生掌控：别活在他人的标准里，确立你自己的人生目标

每个人都生活在社会环境中,所以,我们每个人都会被周围的环境所影响,于是,我们有喜怒哀乐、有目标、有期待……在这个过程中,有些人陷入了"吊桥效应"的漩涡中,逐渐迷失自我,甚至成为他人的影子;也有些人忘记了自己最初的梦想,随波逐流。但我们每个人都是独立的个体,我们每个人都要为自己而活,因此,从现在起,不妨认真审视一下自己是否正在偏离人生轨道,如果是,那就做回那个真诚、努力、自信的你!

第四章 吊桥效应与人生掌控：别活在他人的标准里，确立你自己的人生目标

坚持自我，按照自己的标准定义人生

每个人从呱呱坠地开始就不断成长。从娇嫩的婴儿，到渐渐走向成熟，一个人要经历漫长的过程。在此过程中，不但身体不断成长，人们的心智也要不断成熟。在这个过程中，我们的周围会出现这样那样的声音，各种指点和意见，此时，我们很容易陷入"吊桥效应"的陷阱中，因为只要我们被他人的意见干扰，就会按照别人的标准定义人生，很明显，你的人生是你自己的，只有你自己才真正地了解你自己。所以，别人认为你是哪一种人并不重要，重要的是你是否肯定自己；别人如何打败你，并不是重点，重点是你是否在别人打败你之前，就先输给了自己！唯有时刻坚信自己，才能战胜灵魂深处的弱点，始终立于不败之地。

一天，在课堂上，哲学家苏格拉底拿出一个苹果，站在讲台上说："请大家闻一闻空气中的味道！"

一位学生举手回答:"我闻到了,是苹果的香味!"苏格拉底走下讲台,举着苹果慢慢地从每一个学生的面前走过,并叮嘱道:"大家再仔细闻一闻,空气中有没有苹果的香味?"这时已有半数的学生举起来手表示闻到了。

苏格拉底回到讲台上,又重复了刚才的问题。这一次,除了一名学生没有举手外,其他人全都举起了手。

苏格拉底走到这名学生面前问:"难道你真的什么气味也没有闻到吗?"那个学生肯定地回答:"我真的什么也没有闻到!"这时,苏格拉底对大家宣布:"他是对的,因为这是一个假苹果。"

从这个故事,我们了解到,你不必过于在意别人的看法。事实上,许多事例早已证明,别人给予你的意见和评价,往往不是正确的。20世纪最伟大的科学家爱因斯坦4岁时才会说话,7岁才会认字。老师给他的评语是"反应迟钝,不合群,满脑袋不切实际的幻想"。享誉世界的音乐家贝多芬学拉小提琴时,技术并不高明,他宁可拉他自己作的曲子,也不肯做技巧的改善,他的老师说他绝不是当作曲家的料。大文豪托尔斯泰读大学时因成绩太差而被劝退学。老师认为他"既没读书的头脑，又缺乏学习的兴趣"。如果以上诸位成功人士不是坚持走自己的路，而是被别人的评价所左右，那他们就不会取得举世瞩目的成就。

伊尔·丰拉格是美国历史上第一位获得新闻界最高奖——普利策奖的黑人记者，是美国黑人的骄傲。

但是，丰拉格小时候无法接受自己的出身，甚至十分厌恶自己，因为他肤色黝黑，他感到十分自卑，一度认为自己在长大后不会有什么出息。

他父亲是个游历各地的水手，所以见多识广，儿子丰拉格的心事，根本逃不过父亲的慧眼，父亲带丰拉格参观了许多名人的故居。

首先，父亲带丰拉格去荷兰参观了梵高的故居。梵高的故居中陈列了一张小床，还有一双裂开口子的皮鞋，看到这些后，丰拉格很疑惑地问父亲："梵高不是位百万富翁吗？"

父亲答道："不是，梵高是位连妻子都没娶上的穷人。"

后来，父亲带儿子去丹麦参观了安徒生的故居。儿子又困惑地问父亲："安徒生不是生活在皇宫里吗？"

父亲答道："不是，安徒生出生于一个鞋匠家庭，就生活在这栋简陋的阁楼里。"

听了父亲的介绍，儿子若有所思。父亲用厚实有力的大手抚摸着儿子的头说："孩子，你看，上帝并没有看轻任何人，伟人原来也不过是一介草民。"

在父亲潜移默化地影响和教育下，丰拉格发生了彻底的改变，他不但开始建立自信，还对大千世界产生了浓厚的兴趣，并且找到了自己毕生的梦想——成为一名记者，并走遍全世界。

从此，丰拉格开始为理想不懈地奋斗。大学毕业后，他如愿以偿地成为一名新闻记者。但是风无常顺，兵无常胜，他很快遭到了白人的排挤。

有一次，一个白人记者公然将丰拉格辛苦了一个多月的采访稿件据为己有。丰拉格当时很气愤，找到主编，希望能讨个公道。事与愿违，主编竟然偏袒那个白人，根本不相信他的申辩。

这件事使丰拉格再次看清了社会的现实和人生的坎坷，但是他仍然坚信自己有美好的未来。他不辞辛苦，深入各种险境，获取第一手新闻资料。最终，他凭借独特的新闻视角和理念获得了美国新闻界最高奖——普利策奖，开创了黑人获此奖项的先河。

在颁奖仪式上,丰拉格激动地说:感谢父亲!是他给了我自信和新生。我的经历使我确信,凭借坚定的信念和艰苦的努力,黑人可以做成任何事情。每个人都是自己命运的设计师。"

每个人的命运,都能靠自己设计,靠自己把握。不得不说,和丰拉格一样,很多特立独行的成功者在走自己的道路时,都会听到别人不同的意见,但他们对自己的信念始终坚定不移,当别人对你的行为抱有怀疑甚至是反对的态度时,坚持自我,才能有更大的突破。

总之,我们要知道,人活着并不因为随波逐流而有所价值,那些伟人,都是拥有自己独特的思想,并坚持走自己的路的人。

看淡非议，坚持做自己

前面，我们谈到在思维抉择中，我们想要摆脱"吊桥效应"的掌控，想要摆脱干扰，就要坚持自己的看法，这一点同样适用于我们对人生的掌控。事实上，我们发现，那些人生成功、在自己的领域内有所成就的人，多半都是特立独行的。他们从不奢求让所有人喜欢他们，在他们追求成功的道路上，他们也听到了他人的闲言碎语，但他们始终坚持做自己，坚持自己的选择。最终，他们成功了。因此，生活中的我们也要明白一个道理：让所有人都喜欢我们是很不成熟的想法，不必委曲求全，做好自己，你才能获得快乐。

哲学家尼采曾说过："聪明的人只要能掌握自己，便什么也不会失去。"的确，人即使再完美，做得再周到，也不可能让所有人都满意，与其这样，我们不如坦然接受他人的不喜欢。

贝克汉姆这个名字对于足球迷来说绝对是家喻户晓。

2009年，在回归洛杉矶银河队后的首个主场比赛中，他遭到了球迷的抗议，现场发出阵阵嘘声，但他并不以为意，因为他深知一个道理：让所有人都喜欢自己是不可能的。

赛后，美国当地记者就这件事采访了贝克汉姆，他表现出毫不在意的态度，并且说："我不在乎。你不可能让所有的人都喜欢你。"

在当天的比赛中，贝克汉姆在场上做出了出色的表现，有力地回击了来自球迷的嘘声。银河队打入的两个进球都和贝克汉姆有关，其中一球还得益于他的直接助攻。

就连曾经公开批评过贝克汉姆的银河队球员多诺万也表示："如果贝克汉姆一直保持这样的状态，我能确信最后他能重新夺回球迷的支持。"

的确，要想打破他人的成见，我们最应该做的是做好自己，用实力给他们致命的一击，正如贝克汉姆的表现一样。当然，即使那些偏见永远存在，也不必为之伤脑筋。对于生活中的人们来说，对于那些非议，你可以如此调节自己的心态：

1. 别指望获得所有人的喜欢

有人问孔子："听说某人住在某地，他的邻里乡亲全都很喜欢他，你觉得这个人怎么样？"

孔子答道："这样固然很难得，但是在我看来，如果能让所有有德操的人都喜欢他，让所有道德低下的人都讨厌他，那才是真正的君子呢。"

世界上确实有不少人，你越是努力和他结交，努力给他帮忙，他越是不把你放在眼里。反之，如果你做出成绩了，又不狂妄自大，自然能赢得别人的敬重。

然而即使你做得再完美无缺，也没有招惹任何人，仍然会有人看不惯你，仍然会有很多不利于你的传言。对某些心胸比较狭隘的人来说，你不需要对他做什么，你在某方面比他优秀，这就已经招惹他了。

2. 别指望把所有事都做好

把事情做好的方法有很多，但首要的一条就是"不要试图把所有的事情都做好"；处理人际关系的准则也有很多，但最重要的一条是"不要试图让所有人都喜欢你"。因为这不可能，也没必要。

3.学会辩证地看待他人的非议

做任何事情，来自外界的评价都是两方面的，所以不要只看到杯子有一半是空的，还应该看到它有一半是满的。对于别人的批评，有则改之，无则加勉，但没有必要影响自己的心情；对于看不惯你的人，如果他发现了你的缺点，应该勇于改正，如果是误会，应该解释；解释不清，就不要解释，不妨敬而远之；敬而远之尤不可得，就避而远之。

4.相信总有爱你的人

你需要记住的是，你的家人是爱你的，你也有那么几个互相欣赏互相尊重的朋友，做人做事无愧于心，就没必要在乎那些少数人的眼光。

总之，你需要明白，无论你怎么做人做事，总是有人欣赏你，让所有人喜欢是件不可能的事，想让所有人讨厌也不那么容易，以这样的心态与人交往，相信能让你释然很多。

认清自己的个性，保持自我本色

生活中，我们任何人都不可能是十全十美的，也不可能"十项全能"。比如，我们没法唱出动听的歌，无法在世界级的舞台上翩翩起舞，但这并不代表你是个"不行"的人，而对于很多容易妄自菲薄的人来说，他们所有负面的想法都来自于拿别人的标准来衡量自己。事实上，"吊桥效应"告诉我们，任何人想要活得轻松自在，都要依靠理性，去做自己该做的事，如果你也曾为此而感到苦恼，那么，你应该停止比较，重新定义自己的人生。

在北卡罗来纳州，有个叫艾迪斯·阿尔雷的女士，一次，她给心理医生写了一封信，信的内容是这样的：

很小的时候，我就是一个羞涩、敏感的女孩，我身形肥胖、脸颊上有很多肉，这让我显得更臃肿了，我的母亲是个很古板的女人，在她看来，把衣服穿得很合适是一件愚蠢的事，这样也容易把衣服撑破，所以她一直让我穿那些宽大的衣服。

我很自卑，从来不敢参加任何朋友的聚会，在我身上也没发生过任何让我开心的事，同学们组织的活动我也不敢参加，甚至就连学校的运动会我也不去。我太害羞了，在我看来，我肯定是与别人不一样的。

在我成年后，我很顺利地结了婚，我的丈夫比我大几岁，但我还是无法改变自己。我丈夫一家子都很自信，我也一直想要和他们一样，但我根本做不到。他们也曾几次努力想要帮助我，但结果还是未能如愿，我变得更害羞了。我开始紧张易怒，不敢见任何朋友，甚至门铃一响我就紧张起来，我想我真是没救了，我怕丈夫察觉出来这个糟糕的我，就尽量装得开心一点，有时候还表现过火了，因为事情过后我都觉得自己累得虚脱了。最后，我开始怀疑自己是否应该继续活下去，于是，我想到了死亡。

改变我自己和我的生活状态的，只是我偶然间听到的一句话。这天，我和婆婆谈到了教育的问题，她谈到自己的教育方法："无论我的孩子遇到什么，我都告诉他们要保持自我本色。"

"保持自我本色"，这简短的一句话就像一道光一样从我的脑海中闪过，我突然发现，原来在我看来所有的不幸都只是因为我把自己放到某个模式中去了。

在听到这句话后，我瞬间发生改变了，我开始遵循着这句话生活，我努力认清自己的个性，找到自己的优点，我开始学习如何按照自己的喜好、身材去搭配衣服，以此提升自己的品位。我开始主动走出去交朋友，我开始加入一个小团体中，每次当大家叫我上台参加某个活动时，我都鼓足勇气，慢慢地我大胆了很多，这是一个长期的过程，但我确实发生了不小的变化。我想，当我以后教育我的子女时，我一定会告诉他们我的这一段经历，我希望他们能记住：无论何时，都要保持自我本色。

心理学家威廉·詹姆斯曾说过这样的话："一般人的心智使用率不超过百分之十，很多人都不了解自己到底还有些什么才能。人们往往对自己设限，因此只运用了自己身心资源的一小部分。实际上，我们拥有的资源很多，只是没有成功地运用。"

既然我们有那么多未被开发的潜能，你又何必担心自己不如别人呢？你要明白，在这个世界上，不会有第二个你，现在没有，以后也不会有。

爱默生在他的短文《自我信赖》中说过这样一段话：

无论是谁，总有一天他会明白，嫉妒是毫无用处的，而模仿他人简直就是自杀，因为无论好坏，能帮助我们的，只有我们自己。一个人只有耕好自己的一亩三分地，才能收获自家的粮食。你自身的某种能力是独一无二的，只有当你努力尝试和运用它时，你才能真正感受到这份能力是什么，也才能体会它的神奇。

吊桥效应

自己做决定，你才是自己命运的主宰者

每个人从呱呱坠地开始，就面临着很多选择：小到吃什么、穿什么颜色的衣服，大到学业、人生的方向。人们总是站在选择的十字路口，踌躇着朝哪个方向前进。这个时候，就是需要人们内心做决定的时候。在决定自己要做什么的时候，人们很容易陷入"吊桥效应"的陷阱中，会因为家人的建议、朋友的劝告，还有自己内心的不确定而迟迟做不了决定，甚至害怕自己做决定，凡事都希望别人拿主意。于是，人们总是徘徊在出发点，或许是担心失败时自己不能能言善辩，或许是担心面对失落感无法气定神闲，又或者是担心决定错误时无法承担的后果。因此，在生活、工作中，我们要学会自己做决定，更要勇于做决定，敢于为自己的人生负责是自我肯定的表现。

1973年，比尔·盖茨考进了哈佛大学。他和史蒂夫·鲍尔默结成了好朋友。在哈佛的时候，盖茨为第一台微型计算机——MITS Altair开发了BASIC编程语言的一个版本。

在大学三年级的时候，盖茨毅然决定退学，他离开了哈佛并把全部精力投入到他与孩提时代的好友保罗·艾伦在1975年创建的微软公司中。在计算机将成为每个家庭、每个办公室中最重要的工具这样信念的引导下，他们开始为个人计算机开发软件。盖茨的远见卓识以及他对个人计算机的先见之明成为微软软件产业成功的关键。在盖茨的领导下，微软持续地改进软件技术，使软件更加易用，更省钱和更富于乐趣。

在1995年到2007年这13年间的《福布斯》全球亿万富翁排行榜中，比尔·盖茨蝉联世界首富。

如果比尔·盖茨当时没有做出退学的决定，那么现在他可能只是一个哈佛大学的毕业生，而不是作为一个世界首富出现在世界《福布斯》上。正是因为他在人生的十字路口，勇于自己做出决定，并愿意为自己做出的决定承担责任，所以才获得了巨大的成功。当然，每一个选择的背后都有一个需要被承担的后果，比尔·盖茨也会想到可能的后果，但是在选择的时候，他还是勇敢地做出退学的决定。

然而，我们发现，现实生活中，不少人总是把希望寄托在他人身上。诸如很多年轻人在父母的供养下大学毕业，之后还希望父母能够继续资助他们买房结婚等，有了孩子之后，也要求父母帮助他们养大孩子。还有些人在工作中始终无法独当一面，也是因为一直不给自己机会锻炼，做任何事都要亦步亦趋地请示领导，从而避免自己承担责任。试想，假如领导愿意事必躬亲，又何需这些下属呢？

任何人都想要成为命运的主宰，操控自己的命运。一个依赖他人的人，能够在人生的海平面上为自己掌舵吗？当狂风暴雨突如其来，他能坦然面对恶劣的环境吗？答案是否定的。当然，我们并不能彻底主宰命运，但是至少在相同的环境下，独立且有主见的人，更能够操控自己的人生，从而驾驶生命之舟驶向人生的彼岸。

19岁的悦悦是一个娇生惯养的孩子，她对母亲的依赖简直到了极致。在去大学校园报到的第一天，她甚至不知道怎么铺床，妈妈一个人忙前忙后，她却坐在那里等着妈妈安排一切。在读大学期间，母亲几乎每个月都要坐火车奔波将近一千公里去看她，为她购买生活的必需品，也给予她很多无微不至的照顾。

就这样，四年过去了，悦悦大学毕业，留在了读书的城市，但毕业后的她依然希望被妈妈照顾，却丝毫没有想到千里之外的妈妈如今身患重病。妈妈怕女儿担心，一直隐瞒病情到一次假期，悦悦回家发现妈妈已经骨瘦如柴，和平日里的无所不能的神一样的存在迥然不同。面对这样的妈妈，悦悦痛哭流涕，不知道如何是好。

妈妈笑着安慰她："即便有一天妈妈真的不在了，这里也有一个本子详细记载了家里的情况，你只要读一读，就能找到想要的答案。"妈妈这句叮嘱让悦悦更加羞愧万分，痛不欲生："难道我只能成为妈妈的负担，即便在妈妈最需要的时候也不能给予她些许的安慰和照顾吗？"悦悦不愿意成为这样的人，她请了一个长假，开始学习家务，学习厨艺，学习照顾妈妈。一段时间后，妈妈痊愈了。

看着女儿现在的变化，妈妈欣慰地说："孩子，你长大了，原来一直以来都是妈妈阻碍了你的成长。"

如果不是因为妈妈生病，悦悦也许还要在依赖的路上越走越远。妈妈的病反而给了悦悦成长的机会，她似乎在一夜之间长大了，意识到妈妈也需要她的照顾，也要在她的支持和陪伴下走过人生最艰难的阶段。其实，很多人都原本可以成长得更加优秀，只是因为像事例中的悦悦一样从小习惯了衣来伸手，饭来张口，因此导致自身的能力渐渐退化，凡事都要依赖他人。

对于任何一个人而言，人生都应该是靠自己的双手创造出来的，否则一味地乞求他人的施舍，妄想着不劳而获，根本不可能获得成功的人生。其次，一个人要想傲然屹立于世，就一定要树立坚定的信念：依靠自己的力量获得成功。归根结底，只有我们自己才是命运的主宰，外界的力量和影响即使再强大，也无法超越我们内心的力量。从这个角度而言，假如我们想要获得成功的人生，就应该靠自己的力量改变命运。不管我们的处境多么艰难坎坷，我们都应该坚定不移地依靠自己的力量，始终心怀希望，向着美好的未来不懈奔跑。最终依靠自己蹚过苦难的我们，也必然拥有更加强大的内心，更加坚定的信念，从而使我们的人生拥有比他人更多的灿烂辉煌的时刻。

准确定位自己，找到自己的优势

荷马史诗《奥德赛》中有一句至理名言："没有比漫无目的地徘徊更令人无法忍受的了。"任何人，如果没有方向，就会陷入"吊桥效应"的陷阱中，在徘徊中挣扎，最终过一个平庸的人生。所以，对任何人来说，首先找到前进的方向比努力自身更重要。

尺有所短，寸有所长。一个人也是这样，这方面弱一些，在其他方面可能就强一些。这本是情理之中的事情，找到自己的优势和承认自己的不足一样，都是一种智慧。其实每个人都有自己的可取之处。比如说你也许不如同事长得漂亮，但你却有一双灵巧的手，能做出各种可爱的小艺术品；比如说你现在的工资可能没有大学同学的工资高，不过你的发展前途比他的好。

无论一个人具备多么好的天赋，多么高的智商，他都不会将所有能力收于囊中。就才能而言，有人敏于感知，有人善于记忆，有人强于创造，有人思维活跃，有人逻辑缜密，有人判断客观，有人处事巧妙……既然人各有所长，也各有所短，那就应该处理好"长与短"的关系。大凡聪明的人，都会懂得"善用其长，不显其短"的道理。一般来说，善取长弃短者，都能将自己的优势最大化，反之"舍长就短者"便难以成为智者。

为了给自己"充电"，森林里的动物们开办了一所学校。开学典礼的那天，来了许多动物，有小鸡、小鸭、小鸟，还有小兔、小山羊、小松鼠。学校为它们开设了5门课程，分别是唱歌、跳舞、跑步、爬山和游泳。第一天老师决定上跑步课，小兔子兴奋地在体育场跑满了一个来回，自豪地说，我能做好自己天生就喜欢做的事！可其他小动物，却有的噘着嘴，有的耷拉着脑袋……小兔回到家里对妈妈说，这所学校太好了，我实在太喜欢了。

第二天一大早，小兔子蹦蹦跳跳地来到学校。老师宣布今天上游泳课，这时小鸭子兴奋得一下子就跳进了水里。天生恐水的小兔子傻眼了，其他小动物也只能"望洋兴叹"。接下来，第三天是唱歌课，第四天是爬山课……学校里每一天的课程，小动物们总是有擅长的与不擅长的。

这则寓言看似很简单，却蕴含了一个深刻的哲理：要成功，小兔子就应跑步，小鸭子就该游泳，小松鼠就得爬树。它的潜在寓意就是说，做自己最擅长的事情，最容易有所发展。

松下幸之助也曾说，人生成功的诀窍在于经营自己的个性长处。经营长处能使自己的人生增值，否则必将使自己的人生贬值。他还说，一个卖牛奶卖得非常火爆的人就是成功，你没有资格看不起他，除非你能证明你卖得比他更好。一般来说，很多成就卓著人士的成功，首先得益于他们充分了解自己的长处，根据自己的特长来进行定位或重新定位。

那么，我们该如何经营自己的优势呢？

1. 准确定位自己

一个人需要了解自己擅长的领域，努力让工作向这些方面靠拢，这样就可以最大限度地发挥自己的才能，做事情也更容易成功。对自己有了准确的定位，就会知道自己在干什么，为了什么，未来会成为什么，有了信念，才会努力奋斗。

2. 寻找到合适的方向

只知道跟在别人身后漫无目的地奔跑，结果自食其果。现实生活中，是否也有很多这样的人呢？拥有自己的方向，并懂得正确努力的人，就如一个高尔夫球高手一般，才会在生活这唯一一次的竞赛中取得优异的成绩。

3. 切实提高自己的各方面能力

一个人只专注于某一方面特长或者某一爱好，就会在此方面投入更多的精力，一般也就容易取得成绩，也容易自满。但"人外有人，山外有山"，即使你这次成功了，但并不一定代表你会永远成功。而如果你能培养多方面的能力、兴趣、爱好等，那么，你在拓展视野的同时，也会学到各种抗挫折的能力、知识、经验等。这对于提高自己的自理能力、交往能力、学习能力和应变能力都有很大的帮助，也有助于为你独自战胜困难提供勇气和方法。

4. 勇于创新

骄傲自满，你将很快被超越。而只有进步才能获得更强的竞争力。然而，没有创新就不可能进步。因此，你应该将自己的求知欲望和求知兴趣激发出来，鼓励自己多动脑、动手、动眼、动口，善于发现问题、提出问题，并尝试用自己的思路去解决问题。

总之，我们每个人都要善于发掘自己的长处，做自己擅长的事,其实这就是属于你自己的一笔宝贵的财富。将优势发挥到最大化,不断给大脑充电,你会发现你正在将自己的财富升值。

在心中填满自信，做最出色的自己

有人说，生活就如同一本书，我们在阅读它的时候，会了解到很多人生的道理，其中一条就是：做人要自信。只有在心中填满自信，才能做最出色的自己。相反，那些自信不足的人，更容易受他人的影响而陷入"吊桥效应"的漩涡，这些人要么依赖他人，要么盲从他人，总之就是无法掌控自己的人生。

人活于世，靠的就是自信。只有自信才能让你看到人生的航向，找到前进的目标，让你找到真实的自我，而如果一个人缺乏自信心，他在这世上就过得昏昏沉沉，迷失自我，甚至被世界所遗忘。自古以来，那些成功者，为什么能实现自己的人生目标？因为自信！自信是成功人生的奠基石，自信是成功的第一秘诀。李白曾说："天生我材必有用，千金散尽还复来。"这就是自信。我们每个人都应当有这种自信，因为一个人只有相信自己，才可能采取行动，去完成自己的事情。自信是走向成功的第一步。

发明家爱迪生曾经长时间专注于一项发明。对此，一位记者不解地问："爱迪生先生，到目前为止，你已经失败了一万次了，您是怎么想的？"

爱迪生回答说："年轻人，我不得不更正一下你的观点，我并不是失败了一万次，而是发现了一万种行不通的方法。"

正是怀着这份自信，爱迪生最后成功了：在发明电灯时，他也尝试了一万四千种方法，尽管这些方法一直行不通，但他仍没有放弃，而是一直做下去，直到发现了一种可行的方法为止。

然而，现实生活中，总是有这样一些人，他们内心自卑，因为某些外在条件，如钱财、相貌、学历、社会地位不如他人，他们就妄自菲薄、看低自己，认为自己矮人一截。于是，他们总是闷闷不乐，在与人交往的时候也是小心翼翼、亦步亦趋，更为严重的是，他们甚至不能正常地工作、学习和生活，把自己压得喘不过气来。其实这种想法是不对的，这是一种自我折磨。俗话说："金无足赤，人无完人。"所以，我们应该给自己一份鼓励、一份信心！

那么，现实生活中的人们，如果你自信心不够，该如何激励自己呢？

1. 客观看待自己

任何一个人，要想获得自信，就必须认识到一点，那就是真正的自信来自我们的内心世界，源于我们对自身的客观、公正的审视与分析，这包括对我们自身的优势与劣势、成功处与失败点的正确分析判断，这些将奠定我们自信的基础。

2. 找到自信心的欠缺处

我们要意识到自己的信心在哪方面是欠缺的，只有找到这一点，才能更好地"查缺补漏"。比如，你是否因怀疑自己的能力而对工作感到力不从心？或者当你与一个比你更有实力的伙伴合作时，你是否感到自卑？那么这种畏缩与自卑是从何而来的呢？我们必须对此进行认真的反思。

3. 建立良好的心境和情绪

虽然我们不得不承认，我们与他人在很多方面的差距是与生俱来的，比如长相、身材、家境等。但是，通过后天的努力，我们依然可以改变很多，比如个人能力、阅历等。生活中，一些人面对与他人的差距，会怨天尤人，但抱怨并不能改变这种差距。而你要缩小这种差距，甚至超越他人，就必须挖掘自己内心的力量——自信，设置正确的人生目标，以及运用自信的能量向着我们所设定的目标努力。只有这样，我们才能达到一种心理平衡。但这不仅仅是一种心理平衡，在富有耐心而坚毅的努力过程中，我们将逐渐显示自己的优势，超过别人，超过那些我们之前自以为不如他（她）的那些人。

4.进行一些心理暗示

你要坚信，自我暗示与肯定，是一种良好的训练。因为这些肯定性信息能反馈到我们大脑中，产生我们真正盼望的自我改进与自我完善，从而促进我们改善身心。我们坚持这种训练一段时间之后就会发现，自我暗示、自我肯定绝不是白日做梦，绝不是自欺欺人，而是一种有效的自我激励与精神升华的手段，它帮助我们重塑自己的人生，重新构筑自己的身心世界。

然而，自信不是盲目地自大，不是乱拍胸脯，而是智慧与才能的结晶。没有自信心不行，没有脚踏实地地钻研学习也不行，这就好像一艘船失去了帆或舵漂泊在洋面上一样。固然，盲目的自信是自大，要不得，而妄自菲薄、过度自卑更要不得。所以我们凡事都要尽力而为，给自己一定的信心，让生活变得更加精彩。

美国著名数学家维纳,在回忆父亲对他早期学习习惯的严格训练时说:"代数对我来说没有什么困难,可父亲的教学方法,使我的精神不得安宁,每个错误都必须纠正。他对我无意中犯的错误,第一次是警告,是一声尖锐而响亮的'什么',如果我不马上纠正,他会严厉地训斥我一顿,令我'再做一遍'。我曾遇到不止一个能干的人,可是他们到后来一事无成。因为这些人学习松懈,没有得到严格纪律的约束。我从父亲那里得到的正是这种严厉的纪律训练。"父亲严格的训练,终于使维纳养成了良好的学习习惯,成为了誉满全球的科学巨人。

这里,维纳严谨的学习习惯,就是来自他的父亲一点一滴的严厉教导。

的确,懒惰是最大的罪恶。任何一个成功者,都是利用有限的时间学习最多的东西。没有人闲散偷懒,甚至没有人会容忍偷懒的行为。我们养成好的习惯,就是要让勤勉变成一种自觉的行为。我们在培养好习惯的过程中,也一定要严格要求自己,决不允许自己有怠惰的行为。

因此,我们可以说,习惯的形成关键在于你自己的观念,

从晨起的第一眼开始,多督促自己,你就会看到成效,具体来说,你可以做到:

1. 起床要迅速

赖床是一种拖延行为,你的确可以多睡半小时,但接下来,无论是起床锻炼身体,还是为自己做个营养的早餐,你的生活都会被打乱。因此,无论你想纠正什么坏习惯或者养成什么好习惯,都要从一个好的起床习惯开始的。

2. 吃一个有营养的早餐

现代社会,很多人因为忙碌而不吃早餐或者草草吃个早餐,实际上,一个有营养的早餐才是最重要的。无论你接下来有什么工作和学习计划,没有充足的体力,都会影响到它的效果。如果你觉得时间不够,那么,你不妨早起一点。

3. 做好一天的规划

你需要培养时间观念,合理安排时间,即使安排玩的时间也要有个度,并且确立一下目标,有目的地去学习,做事情。

总之,你若希望拥有一个成功的人生,就必须养成良好的行为习惯。因为我们的习惯就像是走路,如果你选择了好的行为习惯,也就是选择了一条正确的道路。

从基础做起，在积累中实现卓越

"天下难事，必作于易；天下大事，必作于细。"这句话出自老子《道德经·第六十三章》，意思是说天下的难事都是从容易的时候发展起来的，天下的大事都是从细小的地方一步步形成的。因此，可以看出，想要有所作为就不能小觑了小事的影响力，尽力做好每一件小事才能让自己的努力引起质的变化。

要知道，任何事情的成功都不是一蹴而就的，需要我们一点一滴地付出。小事成就大事，在每件小事上认真的人，做大事一定成绩卓越。大凡那些事业成就者，无不是脚踏实地的人，他们无不是着眼于现在、关注于手头上的每一件小事，在积累中实现卓越的。

因此，生活中的我们每个人在认识到"吊桥效应"的存在后都要知道，在这个追求个性张扬的年代，没有主见、人云亦云不会成功。与此同时，还要明白唯有脚踏实地，充实自己、手握底牌，才会底气十足，才会获得成功。毕竟，现代企业最排斥的就是眼高手低、满口大话，而鲜有实际行动和真正的工作能力的年轻人。

陈凯和志强是大学同学，他们学习的是计算机专业，在大学毕业之后，两个人都被聘到了同一家公司上。初次走出校园的两个人感觉一切都充满着激情，决心好好努力，在工作中努力拼搏，闯出自己的一片天地，实现自己的价值。可是事情没有他们想象的那么美好，陈凯和志强都被安排做一些琐碎而单调的工作，每天早上打扫卫生，中午预订盒饭，帮同事复印资料，接收传真等等。还没过试用期，志强感到受到了侮辱，不甘心在这里做这些没前途的工作，便辞职不干了。

志强想让陈凯和自己一起走，志强说："我们难道就在这里受他们侮辱吗？我们是大学生，怀着满心的希望与激情来这里大展拳脚，可是他们怎么对我们的，整天把我们当作打杂的人员，实在受不了这个委屈，我要辞职离开了，去一个能让我好好发挥自己的地方。"

可是，陈凯的看法却不一样，他认为，公司这样安排肯定有其道理，做这些看似琐碎的工作能让他很快和公司的同事熟络起来，为以后的工作做准备。又过了两个月，公司正式安排陈凯去做一些有关计算机方面的工作。

有一次，公司召开全体会议，在会议结束的时候，经理把陈凯叫到办公室跟他谈心，说了一些工作上的事情之后，经理问道："陈凯，当初你们好几个大学生一起进公司的，大家都离开了，你为什么没走呢？"陈凯说："从小母亲就告诉我，无论做什么事都不能马马虎虎，不放在心上，否则，什么事情都不可能做好。"

听到陈凯的回答，经理满意地点点头："其实我明白，你们刚刚毕业，心高气傲，可是这正是对你们的一个考验。因为我们觉得一个脚踏实地工作的人是必须要懂得做好基本的事情，如果连最基本的事情都做不好，更不可能把大事做好了。恭喜你！通过了公司的考查。"

那么，志强后来怎么样了呢？一直辗转于各大招聘会，因为没有任何一家公司会把重要的任务交给新来的员工，都会有一个考察的过程。很可惜，志强没有通过考察，他总认为自己是做大事情的人，每次工作不到一个月就离职。

这里，职场新人陈凯和志强有着不同的命运，来源于他们不同的做事心态。的确，如果小事你都做不好，那还怎么开口说自己是做大事的人？一切的成功都需要良好的基础，就像是盖高楼一般，没有那一砖一石的积累，哪来的一座座高耸入云的摩天大厦。

总之，把每一件简单的小事做好是成就大事的基础。要想在工作中取得优异的成绩，就需要沉下心来，用心做好每一件小事，不能抱有敷衍了事、挑三拣四的态度。

洛克菲勒曾说："从最底层干起，一点一点地获得成功，我认为这是搞清楚一门生意的基础的最好途径。"这句话的含义是，任何一个人，如果想获得成功，都不可能做到一步登天，从底层做起，勤奋工作才是唯一可靠的出路。然而，我们发现，现代社会，随着市场经济的逐渐推广和文化的多元化，有些人为了追求成功，开始变得投机取巧、走捷径。要知道，脚踏实地地努力，积累实力才是成功的秘诀，任何"空中楼阁"都经不起时间和岁月的考验。

生活中的你，若想成为职业化员工，你就要从基层工作做起，这是一种带有规律性的认识成果，具有普遍的指导意义。万丈高楼平地起，任何一个人职业生涯的成功都是从基层做起的，要想成为高级工程师，就应从技术员开始做起；要想成为一名将军，就得从战士做起；要想成为一个营销总监，就得从业务员做起。

一般而论，职业生涯的基础打得愈扎实，其成长、成功的空间就愈大。只有将基层工作了解透了，做事到位了，才能开始做比较复杂和难度较高的工作，这就是循序渐进。

要从基层做起，要遵循如下三个方法：

1. 调整心态

就业从基层做起，要调整好心态。有的年轻人对从基层工作做起的观念不屑一顾，认为自己是干大事业的，这种就业心态需要调整。想干大事业，同从基层工作做起并不矛盾，把基层工作的小事情做好，就能为今后干大事业打好基础。因此，你一定要培养乐于从基层做起的心态，只有心态调整好了，才能在基层工作领域增长知识和才干。

2. 耐得住寂寞

基层工作大多是琐碎的，重复的，很难给人以快乐和挑战的感受。产品研发人员在生产车间了解产品生产工艺流程是琐碎的，营销员拜访客户是重复的。因此，我们还要培养耐得寂寞的职业操守，只有耐得寂寞的人，才能在基层工作中有所学习、有所积累，才能赢得未来的职业生涯发展。

3. 积累经验

很多企业要求员工从基层做起，其目的是为了新员工积累基层工作经验。积累基层工作经验是最有价值的，它如同建造职业生涯大厦的基石。因此，作为职场新人，要有意识地在企业基层工作的过程中积累经验，为未来职业生涯发展奠定基础。这无疑是职业生涯的大智慧。

总之，生活中渴望成功的人们，无论你是职场人士还是自己创业，都要重视工作中的每一件事，认真做好当下的事，并修饰你做事的每一个细节。没有小，就没有大；没有低级，就没有高级。每天那些点滴的小事中都蕴含着丰富的机遇，伟大的成就都来自每天的积累，无数的细节就能改变生活。

吊桥效应

水滴石穿，每天进步一点点

根据"吊桥效应"，我们认识到清晰的目标的重要性。然而，任何目标的实现并不是一朝一夕的事，都需要我们坚持不断地努力，每天进步一点，你就会离成功的脚步更近一点。尽管你认为自己现在离目标的实现还很远，但你通过今天的努力，积蓄了明天勇攀高峰的力量。

每天进步一点点，看似没有冲天的气魄，没有诱人的硕果，没有轰动的声势。可事实上，却体现了学习过程中一种求真务实的态度，每天进步一点点，是实现完美人生的最佳路径。

成功不是一蹴而就的，如果我们每天都能让自己进步一点点，哪怕是1%的进步，那么还有什么能阻挡得了我们走向成功呢？的确，无论是学习还是追求成功，水滴就能石穿，每天进步一点点，并不是很大的目标，也并不难实现。也许昨天，你通过努力学习获得了可喜的成绩，但今天你必须学会超越，超越昨天的你，你才能更加进步，更加充实。人生的每一天都应该充满新鲜的东西。

1985年，在美国的职业篮球联赛中，洛杉矶湖人队因为队员们出色的球技，拿下冠军已经是板上钉钉的事。但在最后的决赛时，因为各个方面的原因，湖人队却输给了波士顿的凯尔特人队，这让所有的球员和教练派特·雷利感到十分沮丧。

派特·雷利是一名金牌教练，他不会眼看着这些球员们继续停留在沮丧中，为了鼓励大家重振旗鼓，他说道："从今天开始，我们能不能各个方面都进步一点点，罚球进步一点点，传球进步一点点，抢断进步一点点，篮板进步一点点，远投进步一点点，每个方面都能进步一点点？"球员不假思索地答应了他的要求。

接下来，派特·雷利带领球员们进行了为期一年的训练，这一年内，所有球员始终抱着让自己"进步一点点"的精神，不断地提高自己的球技。

终于，在第二年，也就是1986年的美国职业篮球联赛中，湖人队轻轻松松地夺得了冠军。

派特·雷利在庆功时，对所有球员们说："我们今天之所以能成功，绝非偶然。当初，我说我们要做到每天进步一点点，我们一共有12位球员，有五个技术环节，每个环节我们进步1%，所以一个球员进步了5%，全队就进步了60%，在球技上处于巅峰的湖人队，提升了60%，甚至更高，所以我们获得出人意料的成绩是理所当然的。"

看完湖人队取得成功的故事，生活中的我们应该有所启示，只要你每天进步一点点就已经足够。"不进则退"，只要是在前进，无论前进多么小的一点都无妨，但一定要比昨天前进一点点。人生也必须每天持续小小的努力，才能有所成就。

人是善于学习和思考的动物，处于变化多端的社会中，唯一不让自己落伍的方式就是学习。只有学习，才能带来创新，才能更新我们的知识储备库，以此来适应更激烈的社会竞争。

巴勒斯坦境内，有两个著名的湖泊，这两个著名的湖泊各有各的特色。一个叫加黎利海，是一个很大的湖泊，水质清澈甘甜，可以供人饮用，因为湖底清澈无比，连鱼儿们在水中悠游的景象也清晰可见，而附近的居民更是喜欢到此处游泳和嬉戏，加黎利海的四周全是绿意盎然的田园景观，因为环境清幽，许多人将他们的住宅与别墅建在湖边，享受这个如仙境的美丽景致。

另一个名为死海，也是一个湖泊，然而，正如其名，水是碱的而且有一种怪味道，不仅人们不敢来饮用，连鱼儿也无法在这个湖泊中生存。在它的崖边，连株小草都无法生长，更别提人们选择在这里居住。

令人惊讶的是，这两个湖泊的源头其实是一样的，后来人们发现，之所以会有这么大的不同，是因为一个湖中的水有进也有出，另一个则是接收流入的水后便留存起来。原来，在加黎利海里，有入口也有出口，当约旦河流入加黎利海之后，水会继续流出去，如此一来，水流不仅生生不息，也会不断地循环更换，水质自然清澈干净。至于死海则只有入口没有出口，当约旦河水流入之后，水就被完全封死在海里。于是，在这个只有进没有出的湖泊中，所有的污水或废水也全部汇聚在这里，因为只知道自私地保留己用，最后的结果便如它的名字，成为没有人愿意亲近的死海。

唯有不断流动更替的水才会充满氧气，如此鱼儿们才会有舒适的生存空间，为湖泊增添生命活力。因为肯付出，加黎利海的收获，正是干净的湖水与热闹的人潮，因为它付出了，自然会得到应有的成果。至于一味地接受而没有付出的死海，结果则是贫瘠与足迹罕至。自然界这个特殊的现象再次告诉我们，有付出才有收获。追求成功的你们，只要不吝于付出，在付出的同时，你们便能腾出新的空间，遇到新的机会。

因此，如果你哀叹自己没有能耐，只会认真地做事，那么，你应该为你的这种愚拙感到自豪。那些看起来平凡的、不起眼的工作，却能坚韧不拔地去做，坚持不懈地去做，这种持续的力量才是事业成功的最重要的基石，才体现了人生的价值，才是真正的能力。

当然，在坚持的过程中，你可能也会遇到一些压力和困难，但我们要明白的是，任何危机下都存在着转机，只要我们抱着一颗感恩的心耐心等待，再坚持一下，也许转机就在下一秒。

想要拥有好习惯，先从改掉身上的恶习开始

一种行为习惯，是人们成长过程中，在很长一段时间内逐渐形成的一种行为倾向。从某种意义上说，"习惯是人生最大的指导"。

好的习惯是十分重要的，它可以让人的一生发生重大变化。满身恶习的人，是成不了大气候的，唯有好习惯的人，才能实现自己的远大目标。因此，我们一直强调的要避免"吊桥效应"的干扰、实现人生目标，就必须要先改掉当下的一些坏习惯。

我国著名教育家叶圣陶先生也认为，要养成某种好习惯，要随时随地加以注意，身体力行、躬行实践，才能"习惯成自然"，收获满满。

因此，生活中的女孩们，你要想蜕变成为一名优秀的女性，就要在日常生活中注意自己的言行习惯。"行成于思毁于随"，良好习惯形成的过程，是严格训练、反复强化的结果。

苏格拉底门下有很多学生,他经常带领这些学生四处游历。几年下来,这些学生都学到不少知识,有些还成为满腹经纶的学者,为此,苏格拉底感到很欣慰。作为这些学生自己,他们也认为自己可以顺利"毕业"了。

一天,苏格拉底带领这些学生来到一片旷野上,他让大家在草地上围坐在一起,然后对他们说:"现在,你们已经个个都是饱学之士了,你们也马上可以从我这儿毕业了,但最后一次,我再问你们一个问题。"毕业前,老师问的问题当然很重要了,学生们一个个竖起了耳朵,想听听老师会问什么问题。

"我们现在坐着的是什么地方。"苏格拉底问他们。

学生们回答道:"旷野。"

苏格拉底又问:"这里长了什么?"

学生们答曰:"草。"

苏格拉底说:"是的,你们都回答了问题,这里长满了草,那么,接下来,我要问的是,你们要用什么办法,才能清除掉这些杂草?"

这是哲学问题吗?一向严谨的老师,怎么会问这么简单的问题?拔除杂草明明是农民才应该需要思考的问题,学生们都对苏格拉底的问题感到很好奇,但他们还是按照自己的想法一一作答。

"这个问题太简单了,用手拔掉就行了吧。"一名学生抢先开口。

另一个学生答道:"用镰刀割掉,那样会省力些。"

第三个学生回答得更为干脆:"用火烧更彻底。"

苏格拉底从草地上站起来,清了清嗓子,然后说:"那好,同学们,现在你们就按照自己的方法,划定一片区域,将各自区域的杂草清除掉,明年我们再来看看自己的战果,看看谁的方法更有效。"

约定的时间到了,所有的学生都齐聚在这片曾经长满杂草的地方。令他们高兴的是,这里再不是杂草丛生,但却依然有很多参差不齐的杂草在风中摇摆。然后,苏格拉底带领他们带来另外一块地方,这里不是学生们除草的范围,这里没有杂草,而是长满了旺盛的麦苗,学生们凑近一看,看到了一块木牌,那是苏格拉底的笔迹,上面写着:"要想除掉旷野里的杂草,方法只有一种,那就是在上面种上庄稼。"

学生们恍然大悟。

用麦苗根除杂草是一种智慧。我们在培养习惯时,是否可从苏格拉底那里领悟借鉴呢！好习惯多了，坏习惯自然就少了。

有专家说："养成习惯的过程虽然是痛苦的，但一个好习惯的养成，将是我们终生的财富。因此，短时间暂时的痛苦，又算得了什么？根据西方人文科学家研究，一个习惯的培养需要21天左右，只要我们认真去做，就等于说我们吃了21天的苦，却得到了一辈子的甜，这是一个很值得和很高效的事情。此外，任何一个习惯一旦养成，它就是自动化的，如果你不去做反而会感觉很难受，只有做了才会感觉很舒服。"因此，关于好习惯的培养，我们不妨给自己订一个计划，然后用日程本记下自己执行计划的过程。那么，21天后，你将养成好习惯，坚持21天，你就会成功。坚持21天，就能改变你的意识，影响你的行为，为你带来超乎想象的成功。你又何乐而不为呢？

很多人苦恼于自己的自制力不强，什么计划都坚持不下来。其实，这是一个循序渐进的过程，因为自制力的形成不是一蹴而就的，也不是下了决心就能获得的，这是一个长期的过程。

拿学习来说，如果你决定从明天起好好学习，要每天学习10小时以上，那么，你很可能因为没有达到目标而气馁。而如果你先给自己定一个较为合理的目标，比如，你可以在第一周时每天学习1小时，少玩15分钟，倘若做到这一点的话，第二周每天学习1个半小时，少玩20分钟，再做到这一点的话，就可以每天学习2小时，少玩30分钟。慢慢地，你会发现，自觉地学习已经成为了你的一种习惯而自制力也自然而然地形成了。任何坏习惯的改变或好习惯的形成都可以采取这个方法。

请记住，循序渐进，有利于培养自己的自信心，并且不会给自己造成过大的心理压力，从而能轻松地锻炼自制力！

第五章

吊桥效应与心态调整：放下与自己无关的事，才能活得自在轻松

人生在世，都活在一定的集体中，我们不得不接受他人的评价，也总是对他人有不同的想法和看法。为了获得他人的鼓励、赞扬和尊敬，人们习惯性地按照他人的想法来要求自己，而这种心态无疑是陷入了"吊桥效应"的圈套中，也是我们感到身心疲惫的重要原因。其实，我们每个人都是自己人生的主人，关注内心才是快乐的唯一方式，正确的做法是，喜欢自己，认可自己，保持自己的独立个性，还原真我的面貌和风采，这样我们才能活得轻松自在。

活在自己的世界里，做自己喜欢的事情

有人说，人生就是一个不断选择的过程，平庸与精彩，完全不同的生活，截然相反的人生，人生的归宿，完全是你自己的选择。选择不同，结果不同，人生也不同。而我们任何人，要想人生过得更精彩，就要认识到"吊桥效应"的存在，要按照自己的喜好选择。

生活中，我们常听到人们说"人生苦短"，每个人都希望获得幸福。大多数人的一生，要求其实很简单，活在自己的世界里，做自己喜欢的事情。做着自己喜欢的事情，便是莫大的幸福。

不得不承认，人的本性决定了人们只有受到适当的鼓励才会有更大的动力。传统和世俗使人们习惯于说话办事都要得到别人的认可，这也是我们很多人容易陷入"吊桥效应"的漩涡的根本原因，一旦自己的某些举动和建议得不到别人的赞许，就会感觉出了问题，无法放心。这样一来，就在不知不觉之中

放弃了主宰自己、独立行事的权力,过于在意别人的评价。不过,凡事有度,虽然我们喜欢得到表扬,却不能把表扬作为自己生活的唯一目的。要知道,真正的快乐来自做自己喜欢的事。

人只要活着,就要做事,人生的过程可以说就是一个做事的过程。但做事与做事不一样,有些事是你喜欢做的,有些事是你不喜欢做的。喜欢做的事,你做起来会很主动、很卖力;不喜欢做的事,你做起来就缺乏激情,总感觉那是一种负担。不过,也正是因为这样,才把幸福和不幸区分开来。

菲尔·约翰逊是著名的波音飞机公司的总裁,但谁能想到,他的父亲一开始希望的是他能继承自己的衣钵——继续经营家里的洗衣店。但是,菲尔·约翰逊一点也不喜欢洗衣店的工作,他每天都在店里偷懒、无所事事,只要完成了自己的工作,其他什么都不管,有时候,他干脆旷工,根本不来店里。约翰逊的父亲觉得儿子真是没出息,在那么多员工面前,儿子真是将自己的脸丢光了。

有一天,菲尔·约翰逊主动对父亲说:"我想去一家机械工厂做个技工。"出去当工人?难道儿子想走自己曾经走过的老路吗？父亲非常震惊，他坚决不同意。不过，我行我素的约翰逊才不管父亲反对的意见，他坚持穿着沾满油渍的工作服去机械厂工作。

在机械厂，约翰逊比在洗衣店更努力地工作。尽管在机械厂每天都要工作很长时间，不过菲尔·约翰逊吹着欢快的口哨就可以度过快乐的一天。渐渐地，约翰逊发现自己喜欢上了工程学，他开始认真研究各种发动机，在他的生活中只要有各种机械相伴就快乐无比。

1944年，菲尔·约翰逊去世。那时，约翰逊已经是波音飞机公司总裁。

约翰逊喜欢机械，他并没有因为父亲的期望而改变自己最初的想法。假如约翰逊当时留在了父亲的洗衣店，他和父亲的洗衣店会怎么样呢？我想在父亲去世之后，这门生意就该关门了。

人生短短几十年，年轻时一定要为自己活着，不要总是为别人所左右。怎样的人生才是最好的，只有你心里清楚，他人的意见，未必是你心底最渴望的声音。做自己想做的事，走在生命的路上，你会看到更多美丽的风景，庆幸自己没有白来世间一次。

为此，你需要这样做：

1. 找到感兴趣的事情

一些人不知道自己的兴趣究竟是什么，自惭形秽、妄自菲薄，认为自己天生就是庸才，注定一生都要碌碌无为。其实，归根结底这些人真正的原因是没有找到自己的兴趣所在，没有很好地挖掘自身的潜力，过于盲从、过于武断地判断自己的价值。

2. 做感兴趣的事情

不可否认，一个人在事业上取得的成就大小与兴趣是有很大关系的。如果你一直做自己喜欢做的事，你的内心便会充满愉悦与快乐。因为做自己喜欢的事才是幸福的，这样的幸福不用你做任何思想斗争，不用你去考虑任何不必要的琐碎事情。同时，这种幸福不是你刻意追求的结果，它是自然而然的，与做事的过程相伴而生。

因为喜欢，你会感觉未来海阔天高；因为喜欢，你会感到浑身充满动力；因为喜欢，你会尽情地享受自由与快乐。也正因为这样，你在做事时会觉得得心应手，顺理成章，事半功倍。

不过，做自己喜欢做的事，是需要坚持和韧劲的。也许你会遭到父母的反对，也许你要忍受周围的闲言碎语，也许你不得不面临失败的风险。如果这些你无法坚强面对,那你就只能成为生活的弱者,成为他人思想的附属品,永远受制于人。如果你坚信自己可以做到,不妨勇敢一次,努力追求自己的真正所需。

多关注自己的幸福，无须羡慕他人

吊桥效应给我们最大的启示是：任何时候，我们都要把关注点放到自己身上，都应该依照理性，去做自己该做的事，而无需纠结与自己无关的事。事实上，能走出"吊桥循环"的迷局的理性者实在太少了，很多人正是因为总是把焦点放在他人身上，看不到自己的幸福，才让自己的心态失衡。

对于这些人来说，他们的最大特点是爱面子、被虚荣心操控。在他们的内心，有这样一些声音：如果妻子能漂亮点，带出去该多有面子；如果丈夫能年薪百万，我就不用这么辛苦……好好的一天，好好的心情，好好的一家人，往往因为这些抱怨眨眼间风云突变。最初两个人会把"离婚"当口头禅，而到后来，两个人便赌气"离婚就离婚谁怕谁"，于是双方就开始争吵，结婚最初的那份心动和激情早已荡然无存。这样的生活还幸福吗？当然不！既然如此，为什么又要总羡慕、嫉妒他人的生活，而不关注自己的幸福呢？

丽丽已经三十五岁了,和丈夫的婚姻也到了七年之痒的时候。这年,命运给她安排了一场突如其来的灾难,她后来常常想,如果没有这场灾难,也许她和丈夫早已劳燕分飞,因为他们已经没有任何在一起的理由——丈夫马上要出国,不知何时才会回来,而自己也可以像时尚杂志中的单身贵妇一样再寻寻觅觅,找一个配得上自己身份和收入的男人。但命运不是这样安排的。

在丈夫出国前,她发现,身边的女性朋友无不是住着豪华别墅,丈夫也无不是行业内的精英或者大老板,而自己的丈夫只不过是名普通的技术人员,他的收入让自己过着不体面的日子,这样的日子她已经受够了,同是名牌大学毕业,为什么自己和姐妹们的命运如此不同?

于是,她和丈夫争吵不断,但正如人们说的,"家和万事兴",不兴,则祸事将至。一天,她在上班的路上出了车祸,当她从医院醒来发现,身边那个男人已经泣不成声,那一刻,她发现了这个男人的好,她想起了她们恋爱的那些日子。

那时候,她是个害羞、胆小的姑娘,因为觉得自己不够优秀,因此,遇到优秀的男孩时,她也不敢主动争取。就这样,好多年过去了,直到有一天,一次偶然的机会,他们相识了,他们一起照顾一只流浪狗,后来他们相爱了。她问他:"如果有比我更好的女孩子喜欢你……"他说:"如果有比你的流浪狗更可爱的小狗……"她说:"我不会的,这小狗跟了我那么长时间,我们有感情了。"他说:"哦,原来你懂得感情。我还以为你不懂呢。"于是,尽管遭到了很多人的反对,但他们还是结婚了。

直到那一刻,付出沉重得不能再沉重的代价,丽丽才知道真爱是不可以计算的。因为人算不如天算——如果一个人爱你,他必须爱你的生命,必须肯与你患难与共,必须在你危难的时候留在你的身边而不是转过脸去。否则,那就不叫爱,那叫"醒时同交欢,醉后各分散"。那种爱虽然时尚,虽然轻快,但是没什么价值。

这场车祸后,丽丽在丈夫的照料下,很快康复了,他们之间的婚姻也康复了。

这个故事中,我们看到了一个女人的心路历程。她应该感谢这场车祸,让她看到了自己的幸福,抛开了那些世俗的想法。

人们常常认为的"美好的风景在别处",有时候还怀有一种对未来生活的幻想,当然,渴求改变现有生活并没有什么过错,但如果你因此而忽视了自己的内心,忽视了当下的生活,就有点得不偿失了。而事实上,"别处的风景"有时候并不美,我们现在拥有的幸福才是真实的。

总之,我们每个人,都应关注自己的生活,都要有知足的心态,对于身边的人,也应该珍惜。我们有自己的天空,有自己的快乐,有自己的幸福,不去羡慕别人,这样你的生活才会变得悠然平静,从容不迫!

不要活在别人的眼光中，做真实的自己

我们任何一个人都知道人无完人，但对于生活，人们却很难以同样的心态面对。他们总是希望生活可以过得更好，总是认为自己可以获得更多，总是苛求生活。而很多不快乐的人，他们痛苦的来源就是把自己摆错了位置，陷入了"吊桥效应"的陷阱中。于是，他们总要按照一个不切实际的计划生活，总是希望自己能成为他人眼中完美的人，他们总要跟自己过不去，所以整天闷闷不乐。而快乐的人之所以快乐，就是因为他们能正确地认识自己，从而摆正自己的心态，他们懂得享受生活，懂得把握当下。事实上，我们可以每天做自己喜欢的事情，不在乎表面上的虚荣，凡事淡然，不苛求，那么，快乐、幸福就会常伴我们左右。

的确，人无完人。追求完美固然是一种积极的人生态度，但如果过分追求完美，而又达不到完美，就必然心生忧虑和自卑。过分追求完美不但得不偿失，反而会变得毫无完美

可言。

比如，可能我们都被长辈告知，做人要低调，要追求完美和成熟。诚然，这是我们应该遵循的处事原则，但这并不意味着我们要压抑自己的喜怒哀乐。哈佛大学一位教授曾说过："我每次都很紧张，因为我害怕一些内心的感受被发现，但这样做把自己搞得很累，学生们也很累，我极力想表现自己完美的一面，争取做个'完人'，但每次都适得其反。"其实，"打开"自己，袒露真实的人性，会唤起学生真实的人性。在学生面前做一个自然的人，反而会更受尊重。

有这样一个女人，她对自己的脸蛋非常不满意，就跑去一家美容店准备整容。

第一次手术之后，女人隔一会儿就对着镜子看已经明显变化了的自己。但看着看着，女人就觉得自己的脸蛋还是不够漂亮，于是又来到了美容店。

第二次手术之后，女人高兴得乐翻了天，逢人便炫耀自己的脸蛋是多么的迷人。但没过几天，女人就感觉脸蛋有些变样儿了，于是就又来到了美容店。

……

就这样，女人几乎一直在重复着前两次的情况：刚做完美容手术的时候，觉得自己就是西施下凡、貂蝉再世，但过几天就觉得还是不够完美，只好再次去做美容手术。

如此折腾了8次之后，女人看着自己以前的照片，比对着镜子中"面目全非"的脸蛋，突然发现还是以前的自己最为完美。

于是，女人就求做美容手术的医生："医生呀，您还是把我恢复到以前的模样吧！"这下子，做美容手术的医生可头大了：妈呀，怎么美容手术做着做着又要求恢复到以前，哪有那么容易的事儿？

不过，在女人的苦苦哀求之下，做美容手术的医生还是心软了，就试着一点一点地把脸蛋往以前的模样进行恢复——历时2年，手术8次，女人总算变回了以前的自己。

这下子，女人高兴了，逢人就感叹道："哎呀，美容来美容去，还是原来的自己最美丽嘛！"

试着去接受你自己的一切吧，也许在刚开始的时候你会焦灼不安或是如履薄冰，但很快就会感到全身放松进而舒畅惬意了，如此下去你会发现，自己原来也是如此优秀！

现实生活中，我们每个人都不应该过分苛刻地要求自己，更不要活在别人的眼光中。正如但丁所说的："走自己的路，让别人去说吧。"如果你时时关注自己在他人眼中是否足够完美，那么，最终你会殚精竭虑、身心俱疲。其实，生活的目的在于发现美、创造美、享受美，而不善于发掘生活的闪光点和长处，就难以找到真正的美。

然而，遗憾的是，在这样一个讲究包装的现代社会里，人们常常禁不住羡慕别人美丽、光鲜的外表，从而对自己的某些欠缺自惭形秽，进而导致内心的苛刻与紧张。其实，没有任何一个生命是完美无缺的，每个人都会缺少一些东西。

比如，我们发现，有些夫妻彼此恩爱、收入颇丰，但苦于一直没有孩子；有的年轻女士才貌双全，在情感路上却总是坎坷难行；有的人家财万贯，却被病痛折磨……每个人的生命，都有一个缺口，你不想要它，它却如影随形。因此，对于生活中的缺失和不足，你不妨宽心接受，放下无谓的苛求和比较吧，这样反而更能珍惜自己所拥有的一切。

诚然，现实生活中，我们不可能毫无限制地做真实的自我。毕竟，人们常说，做人不能太单纯，应该懂得适度伪装自己。同样，不懂做人"心机"的人不仅没有内涵，还没有成功的欲望，只能是明里吃亏，暗里受气，千疮百孔，一辈子翻不了身。但为了让自己的心灵释压，让自己快乐，你不妨放下伪装，做回真实的自己。你会发现，原来，你也可以不受束缚！

一味地攀比，你真的快乐吗

我们都知道，人是群居动物，在社会生活中，有交流就有比较。当自己的现状比周围的人差时，就会产生一种想超越的心理，这种心理会促使我们不断努力和进步。但如果这种心理变成了盲目的攀比，就会变成一种不顾实际的心理焦虑，就等于陷入了"吊桥效应"的陷阱中，为自己设置了前进的障碍。培根曾说："我们总习惯在比较中确认自己的价值，嫉妒和失落也随之而来。"实际上，每个人都是单独的个体，都应当有自己的个性，在人生路上，如果能停止比较、理性思考并专注自身，才能获得轻松自在的生活。

那么，人们为什么要攀比呢？其实这是面子心理在作祟，大家都不想被看轻，都想证明自己更有能力，更幸福，更有钱。现代社会，物欲横流，我们周遭的诱惑太多，人们的攀比之心也与日俱增，一不小心，我们就被这些诱惑"俘虏"、陷入"吊桥效应"的圈套中，在没有原则没有意义的盲目比较中心理失衡，胃口越来越大，追求的越来越多，越发不容易满足。而如果你能放下攀比给你带来的枷锁，活出不一样的自我，那么，快乐就会如影随形。

11岁的小珍长得很漂亮，弹得一手好钢琴，是个人见人爱的女孩。但是，她也是个十分"奢侈"的孩子，穿的衣服不是"耐克"就是"阿迪达斯"，总而言之，从头到脚都是名牌。有些时候父母给她买来不是名牌的衣服，不管多好看，她都一概不穿，还为此哭闹了很多次。

父母对她这点也十分头疼，实在不明白为什么孩子这么小就如此热衷于名牌，而小珍的理由就是："让我穿这些，我怎么出去见人啊？我的同学都穿名牌，我要是没有，人家会笑话我的。我不穿，要不我就不去上学。"

不仅如此，小珍还"逼"着爸爸给她买手机和高档自行车，原因也是"同学都有"。

其实，不止是小珍这样的青少年，就连很多成人，也有攀比心理，这已经成了现代社会的一个普遍现象。

老子在《道德经》中提倡无为而治，就是让人放下攀比之心。无为而无不为，意思是不攀比而无所不能。无为并不是什么都不做，而是放下攀比之心。因为有了攀比之心，人们不能按自己的方式去生活，去做事，会变成大致相同的人。人都有自己的特长，有自己的才能，有自己的价值观。以不攀比之心去做，会做得更好，才会发挥自己最大的价值。

然而，好虚荣、要面子的心理具有一定的普遍性。要调整这种心理状态，应该客观地认识自己、认识面子问题，不要对自己提出超出自己实际的期望。

王姐年纪并不大，刚满四十。她年轻的时候，圆润白皙的脸上，是很柔和的五官线条，看到邻居小孩的时候，总是要逗逗他们，然后说"有空的时候到我家来，给你吃糖"。

刚结婚那段日子，她把家里打扫得非常整齐干净，逢人也总是笑嘻嘻的。在那个年代，她是非常出色的，相貌端庄，出身好，人也非常能干。

她对丈夫也特别好，手也特别巧，结婚了之后，全家老小的毛衣都是她织的。那时候，丈夫也对她特别好，不管冬天夏天，他都坚持给在单位上班的妻子送"爱心午餐"。她的名字里有个"娇"字，每天中午，单位的人都会听到他叫"娇，午餐",他们单位的人都给她取外号叫"娇午餐",那段时间他们夫妻真的很恩爱,也没有人会怀疑这两个人会不会白头偕老。

丈夫是做销售的,现在是个不错的职业,20世纪80年代初却并不是很容易做。但他很有韧性,拿出当年追她的劲头,硬是把一间快倒闭的小厂的产品弄活了。他们家成了周围亲朋好友羡慕的对象。他们的房子换大了,买了车,女儿进了学费让人咋舌的私立学校。而很多矛盾也跟着来了。

王姐开始喜欢上了有钱人的生活,每天不是上美容院就是和一群麻友们在一起,女儿的学习不管,丈夫回来也是冷锅冷灶。

还不止这些,她成了典型的"怨妇",丈夫和女儿听见的就只有她抱怨美容院的服务态度不好,最近股票又跌了,快要成穷光蛋了……看见女儿一片红的试卷,马上就是又打又骂。丈夫一回来就训他,这个月的工资怎么那么少。

刚开始,女儿和丈夫还受得了,可是时间一长,他们父女俩就提出要搬出去住了,后来丈夫提出和她离婚的时候,女儿居然没反对。

这都是欲望惹的祸，这样的女人怎么会有人爱？一个有修养的人不会让欲望成为自己修养的杂质，他们知道知足常乐的道理，每天锅碗瓢盆的生活也让他们感受到无穷尽的幸福。

人人都有攀比之心，这是人类好胜心的一种体现。其实，这种比较是没有任何意义的。因为无论你怎么比较，你永远都是在过自己的生活，而不是别人的，你的生活、你的现状都不会受到任何影响。你既得不到别人的财产，也不会失去自己所拥有的一切。所以，请停止无谓的攀比，不要给自己徒增烦恼。

吊桥效应

不要为得到别人的赞美而活着

生活中，我们发现，有些人活着就是为了得到别人的赞赏，他们太在乎自己的容貌，在乎自己的面子，每天为了穿什么衣服、是否说错了某句话而思考良久，甚至忧心忡忡。这样的人活着很累，他们之所以活得累，就是陷入了"吊桥效应"的漩涡中，他们看不到自己的幸福，只在乎他人的眼光，他们将人生大部分的时间浪费在了与自己无关的人和事上。对此，心理学家给出的解释是，这些人之所以渴望得到赞赏，是虚荣心作祟，而自欺欺人就成了他们最好的慰藉。为了别人看来的美丽而活，你已经失去自己的本色。

从前，有一片美丽的森林，这里住着各种各样的动物。在森林的深处，有一棵古老的大树，它的树枝长得非常高，就像是要触摸天空一样。这棵大树被称为"赞美之树"，因为它能给那些环绕它的小动物们带来美好的赞美。

有一天，一只美丽的小鹿，来到了这棵大树下。小鹿非常渴望得到赞美之树的赞美，因为它认为只有得到了大树的认可，才能证明自己是优秀的。于是，小鹿开始为大树跳舞、唱歌，竭尽全力展示自己的美丽和才艺。

然而，尽管小鹿跳得非常卖力，赞美之树似乎并没有注意到它。小鹿感到非常沮丧，它甚至开始怀疑自己是不是不够好，不值得赞美之树的关注。

此时，一只聪明的猫头鹰注意到了小鹿的情绪。它飞过来问小鹿："你为什么这么渴望得到赞美之树的赞美呢？"小鹿回答说："我认为只有得到赞美之树的赞美，我才能证明自己是优秀的。"

猫头鹰听后微笑着说："小鹿，你误解了赞美之树的意义。这棵树并不是为了评价你的优秀程度而存在的，它的存在只是为了给大家带来快乐和温暖。你跳舞、唱歌不是为了得到别人的赞美，而是因为你热爱生活、享受舞蹈和唱歌带给你的乐趣，对吧？"

小鹿听后恍然大悟，它意识到自己过于注重别人的评价，而忽略了内心真实的感受。从那以后，小鹿开始享受跳舞和唱歌的过程，不再为了得到赞美之树的赞美而努力。

渐渐地，小鹿发现它不仅获得了更多来自其他动物的赞美，而且也学会了如何更好地认识和接纳自己。它明白了每个人都是独一无二的个体，应该拥有自己的价值和特点。

玛乔里说："不要为得到别人的赞美而活着，要让自己感到骄傲，才是真正的人生。惧怕别人看到自己的短处，这不过是一种虚荣心而已。"

俗话说："金无足赤，人无完人。"人生确实有很多不完美之处，完美只在理想中存在。生活中的遗憾总会与你的追求相伴，这才是真实的人生。人不应过分地奢求不属于自己的东西，不要让追求完美成为生活中的苦恼。

要摒弃虚荣的完美主义，需要我们摆正自己的位置，那么，如何才能摆正自己的位置呢？正如"吊桥效应"告诉我们的那样，准确到位的自我认知和客观公正的自我评价，是摆正位置的先决条件。

我们必须时刻牢记的是，我们首先应该认清楚自己的内心，知道自己想要达到怎样的人生目标，然后才能认准目标勇往直前。否则，当我们把宝贵的时间浪费在毫无意义的事情上，就会使生命的美好时光白白溜走，也不可能拥有充实丰盈的人生。

幸福的人只关注自己和享受当下

生活中，我们每个人都生活在一定的集体中，都或多或少有些朋友、同事、亲戚等。于是，我们常常可能会用他人的眼光来审视自己和自己的生活，比如，如果别人说你很漂亮，那么，你一定会欣喜不已；如果你听到某人在背后说你的不是，你一定想要与之理论一番……我们的心情为什么会被他人操控？因为你无法摆脱"吊桥效应"，你在乎别人的眼光、不懂得关注自己内心的成长。许多时候，人们之所以看不到优秀的自己，感受不到自己的幸福，都是因为这一原因。而实际上，我们是为自己而活的，幸福是属于自己的，他人只能旁观，却不能真正感悟，按照别人的期望经营生活，很可能让自己的脚步离幸福越来越远。因此，如果我们想要感受到真正的幸福，就要学会关注自己。一个人只有首先学会关注自己，看到自己的内心，才能真正接纳自己，接纳别人。

夜幕降临，喧闹的城市也已经安静下来了。

林先生和所有的城市白领一样，在忙完一天后，准备回家，但心情郁闷的他还是决定先去呼吸一下新鲜空气。今天，他和上司吵架了，他们在下半年的计划安排上产生了很大的分歧，上司批评了他，他在考虑要不要辞职的事。

他把车停在了护城河边上，接下来，他打开了自己喜欢的轻音乐，然后靠在了椅背上，他觉得自己好累。在这家公司工作五年了，五年来，他一直很努力，也成功地升职加薪，但他并不快乐，这是为什么呢？

他反复思考着这个问题，最终，他发现，原来他喜欢的是这份工作带给自己的外在感受。但其实他一直喜欢设计类的工作，从大学开始，这就是他的职业理想，但毕业后的他却因为金钱和面子选择了现在的工作。

想通了以后，他轻松了很多。第二天，他将辞呈递到了上司的办公桌上，然后离开了公司，这让很多同事感到愕然，但内里原因只有他自己知道。

这则案例中，林先生为什么做出辞职这个重大决定？因为他静下心来发现，自己的职业理想并不是现在的工作。

生活中，我们每个人都应该拥有一颗宁静的心，用它来面对最真实的自己，用它来覆盖生命的每一个清晨和夜晚。从此，我们便不再因外界的一点风吹草动而扰乱自己的内心，你会因为好心情而轻松自在，生活也会因此而健康阳光。

那么，可能有些人又会产生疑问，我们该如何关注自己呢？

首先，我们应该保持内心的纯净。有一句名言：如果心不造作，就是自然喜悦。这就好像水如果不加搅动，本性是透明清澈的。接纳自己的第一步就是让内心淡定，只要你的心是纯净的，那么，你就能接受幸福，接受快乐，淡化痛苦。反过来，如果你内心躁动，你又怎么能看到最本真的自己？

其次，我们要学会走自己的路。人与人总是不同的个体，生活也会因人而异，不同的人在同一件事情上，看到的结果总是不同的。另外，他人不可能参与到你的生活中来，因此，我们大可以告诉自己："走自己的路，让别人去说吧。"

再次，我们要学会接受不完美的自己。每一个人都是不完美的，这是不变的真理。关注自己，就难免发现自己的不足，此时，我们不应妄自菲薄，不应该自卑，相反，我们应该为此而感到欣慰，我们看到了最真实的自己，这样我们就有了进步的空间。

又次，我们还应该学会享受现在的生活。钱钟书先生在小说《围城》里对人性的本性、欲望有过精彩的论述，"围在城里的人想出来，城外的人想冲进去，对婚姻也罢，职业也罢，人生的愿望大都如此！"当你得到一样，就总想得到另外一样。但你想过没有，如果你处于城中，为何不好好享受城中的生活呢？其实冲进去或是走出来，也不过是一种意识状态，里或外的区别不过是自己的心给出的答案。

最后，我们应该学会调节自己。生活中存在着各种各样的压力，有些压力虽然看不到，摸不着，但却真实地存在于我们的周围。如何在家庭责任、工作及人际关系的压力中做个"走钢丝的能手"，在家庭和事业间掌控平衡，在职场自在地游弋是现代人的必修课。面对来自各方面的压力，我们一定要懂得自我调节，比如，当遇到不如意的事情时，可以通过运动、读小说、听音乐、看电影、看电视、找朋友倾诉等方式来宣泄自己不愉快的情绪，也可以找适当的场合大声喊叫或者痛哭一场。

的确，我们周围的世界总是在发生着变化，和外在行为的动静相比，内心的动静才是根本，精神才是人类生活的本原。不与人攀比，这样内心才能宁静而不浮躁，要随遇而安，适可而止，知足常乐。

第六章

吊桥效应与婚恋成长：幸福的爱情需要理性思考和认真经营

生活中的我们都想拥有轰轰烈烈、甜蜜浪漫的爱情和婚姻，人们之所以有这样的愿望，其实也是中了"吊桥效应"的圈套——人们对自己的生理唤醒进行了错误归因，以为"心动"就是真爱。然而，这种"心动"不可能一直维持下去，事实上，感情只有经历平淡才能长久，而且，争吵也是无法避免的。为此，你需要调整自己的态度，任何爱情，能经得起平淡的流年，经得起时间的考验，才能最终修成正果，历久弥香。

制造"吊桥",利用特定的环境成功吸引对方

前面,我们已经阐述了"吊桥效应"的定义:人如果走上一座摇摇欲坠的吊桥,整个人都会提心吊胆紧张起来,这时候的他会不由自主地心跳加快。如果这时,他正巧遇到了另一个人,那么,就会错以为这种心跳加快是出于对方的喜欢,于是就会把这种心动当成爱情,从而不可自拔地爱上对方。许多爱情都是从"吊桥效应"里的错觉开始的。

我们来看下面的一个爱情故事:

小陈和豆豆是一对人人羡慕的情侣,谈起他们的相识和相爱,还有一段曲折离奇的故事。

小陈当时在北京的一家公司上班,豆豆正是因为面试才认识的小陈,虽然面试没有成功,但和小陈成了好朋友。你来我往间,情愫渐生。

豆豆毕业后,小陈已经不在北京上班了,而此时的豆豆也

没有在北京找工作的打算。后来通过联系，豆豆才得知，小陈居然去了自己老家的一家公司，于是，豆豆头脑一热，也回去了，见面成了自然而然的事情。

第一次正式约会那天非常热，豆豆的方位感很差，尽管上完大学，仍然只知道左右而不分东南西北，通着电话，却找不到彼此。在相约见面的地方迂回了1个小时后，终于胜利见面。但是此时豆豆已经晕头转向、气急攻心，并且有中暑倾向，见到小陈以后，也不管是不是第一次约会，也顾不得什么矜持不矜持了，她对小陈说："我快休克了，英雄能不能先借我肩膀用一下。"小陈先是愣了一下，然后扶着豆豆走进一家快餐店解暑。

从此以后，王子和公主开始了幸福的生活。过了很长时间，小陈很纳闷地问为什么第一次见面就借肩膀。豆豆告诉他："当你还距离我150米的时候，我就已经快晕倒了，那段时间看的武侠小说比较多，所以顺口就说出来了，幸亏你没有被我吓跑。"

这个故事中，我们发现豆豆就是一个敢于大胆主动追求爱情的女孩。毕业以后的她，为了自己的爱人，主动来到小陈生活的城市，并且，在约会时，她也是大大咧咧，直接表达了自己的感受，她的一番幽默的话，体现了她的大方，让她赢得了爱情。此处，女孩豆豆最高明的地方，就是懂得制造氛围，这种氛围感的制造也是一种"吊桥"——借口头晕让对方扶自己一把，和对方产生了肢体接触，进而拉近二人之间的关系。

可见，我们在追心仪的另一半时，要懂得利用"吊桥效应"，才能事半功倍。要利用"吊桥效应"，就要懂得创造环境和机会。此后哪怕平平淡淡，也依然能时不时想起最初在一起时的"风花雪月"。浪漫和心动如此重要，创造浪漫自然必不可少。吊桥效应，是加速心动的好方式。

所以，和异性约会的时候，不妨试试趣味感十足和颇具挑战性的娱乐场所，比如游乐场、密室、神秘屋、电影院之类。这类地方，往往有别样的作用。当然，我们在恋爱中，也要保持清醒的头脑，要防止他人布局让我们进入"吊桥效应"的圈套，错把"心动"当成爱情，让自己悔不当初。

了解SVR理论，把握好相爱的节奏

生活中，我们常听到一些单身男女们感叹：我都这么努力了，为什么不能得到想要的情感？一开始，明明相处得很好，为什么最后不了了之呢？他为什么不像以前那样爱跟我说话了呢？难道是我在相处过程中表现得不好吗？其实有这样的困惑，是因为这些男男女女并没有把握好爱情中的节奏，两个人在爱情中不同阶段的心理需求是不同的，不了解这一点，我们很可能做了很多，但最终却是事与愿违。

恋爱心理学家指出，SVR理论能指导我们更好地择偶、经营感情。SVR理论是美国心理学家默斯特因提出的一个影响甚广的恋爱心理学理论。他认为，两人从认识到结婚，分为三个阶段：

S阶段（S是Stimulus的首字母）：也叫刺激阶段，指的是男女双方第一次见面时会被彼此的外貌、行为、性格等刺激，即我们说的第一印象。如果第一印象很好，则由"相逢阶段"

进入"相知阶段",进行更深层的了解。

V阶段（V是Value的首字母）:也叫价值阶段,指的是思维方式和行为模式相似,这对于感情的发展很重要。我们经常说的"三观"是否一致就是这个意思。日本学者原田玲仁认为:"当人遇到与自己价值观等相近的异性时,容易产生好感,继而发展恋情。

R阶段（R是Role的首字母）:也叫角色阶段,指的是分配角色、相互补充的阶段。这一阶段是否畅通将决定恋爱双方能否走进婚姻的殿堂。如何理解R阶段呢?例如,A男士希望B女士是个传统的相夫教子式的女性,希望对方能做家庭主妇,而B女士与他的期望刚好相反,她是个事业心很强的人,根本不愿意当家庭主妇。那么,二人在婚后的角色分配上就会出现分歧,感情就会有裂痕。相反,如果双方在角色分配上达成了一致,那么,感情就会顺畅得多。又如B女士希望A男士在婚后的家庭生活中能承担更多的家务,而在A男士看来,做家务是女人们的义务,并不愿意参与,双方在家务的角色分配上出现不一致情况,如果无法达成一致,双方的感情就会难以顺畅地继续下去。

默斯特因的SVR理论为我们解释相识——相爱——相处提

供了一个重要的视角和分析路径，指出了男女从恋爱到婚姻所经历的变化。这和"始于颜值，敬于才华，合于性格，久于善良，终于人品"有异曲同工之妙。

男女在前期的交往中（或者说热恋中），颜值、形象等外在的条件占据了主导地位。也可以说，在这一阶段双方强烈的审美体验占据了主导地位。而随着关系的深入，尤其是步入婚姻殿堂后，外在的条件的影响力降低，取而代之的是双方的性格、人品等内在因素占据主导地位。

一段理想的爱情，必将经历这三个阶段。所以，如果你想与面前这个人走到最后，就需要把握度过这三个阶段的节奏。

1. 在刺激阶段，保持吸引力

这个阶段决定了你们爱情的浓度。如果在热恋期，你都不能很好地创造和展示出吸引力，那么"瞬间下头"这种情况也是很容易发生的。在刺激阶段，不要过早暴露需求，也不要过快推动关系。你需要做的是，与对方同频。过于热切的举动，很可能吓跑对方，也会让自己陷于被动。

2. 在价值阶段，掌握同理心

价值阶段是最容易暴露两个人的问题的，在这一阶段，最重要的是避免摩擦。即使彼此的问题已经暴露了，也不要情绪化，恋人之间，不可能事事一致。你需要看到你们相合和心有灵犀的一面，不要被分歧和误会带动情绪。多站在对方的角度思考，寻找能够让彼此接受的关键点。彼此之间的共通点越多，走下去的可能性也就越大。

3. 在角色阶段，坚持自己的原则

爱情不是习惯，不要因为习惯与某个人在一起，而凑合着进入婚姻。很多婚姻的失败，都是因为两个人谈的时间久了，懒得换了，而凑合着结婚。所以，不论相恋多久，都不要丢失自己的原则。你要永远明确自己的内心，了解自己需要一个怎样的伴侣。选择婚姻时，原则问题是绝不能让步的。

最了解自己的爱情的人，永远只有你自己。要把准爱情的脉搏，永远保有理智，去选择那个最适合自己的人。

冷静理性，别被感情冲昏头脑

我们知道，每个人都有自己的择偶观，也就有自己的择偶心理。这无可厚非，但当我们遇到了自认为让自己心动的另一半时，一定要明白，可能是受了"吊桥效应"的影响，而不是真的遇到了适合你的那个人。

比如，在演艺圈，某些女演员之所以演一部剧就恋一次男主角，正是因为她没有把"心的振动"和真正的"动心"区分开。每演一部剧，大家每天在一起朝夕相处，在剧本设置的情境里，不由自主地就真的把自己当成剧本中的人。这就是在特殊的情境中发生了"吊桥效应"。而等到拍摄结束，剧组解散，特殊的情境消失，大家又回到了自己真实的生活中，原先的"心的振动"的感觉就会消失，于是二人就会分手。

因此，真正的爱情是要回归日常生活的，要综合各个方面的因素，比如人品、能力、是否有共同语言等。

第六章 吊桥效应与婚恋成长：幸福的爱情需要理性思考和认真经营

莉莉是个都市白领，有着迷人的相貌、令人羡慕的工作，但已经到了适婚年龄的她也开始着急了，家里长辈们也开始催促她了。她也很苦恼，这天，她来到闺蜜这儿诉苦，她说有个不错的男人喜欢她，是大学同学介绍的，对她很不错，每天下班后都在楼下等她。但就是有个不足的地方，这个男人家境很不好，而且，才毕业不久，看他现在的情况，近期也不可能发财。听到莉莉这么说，朋友倒说，这有什么可烦的？有人爱就是一种幸福。要是怕看走了眼，就先处着看看，不行再分也不迟。

后来，莉莉又支支吾吾地说，其实，还有个男人也在追自己，只不过年纪稍大，但经济基础好。朋友对莉莉说，这有什么好纠结的，又没人把刀架在你脖子上。接下来，莉莉说，这个年纪大的男人已经暗示自己，想赶紧成家。

看到莉莉迟疑的样子，朋友问她，那么你到底更爱谁一点呢？

其实，莉莉自然是想嫁一个自己爱的男人，但爱能当饭吃吗？然后她说，她更喜欢第一个人，但一旦和这个人恋爱，恐怕要遭受到很多异样的眼光，因为无论是周围的朋友还是亲人们，都认为以自己的条件是完全可以找到更好的。

于是这位朋友弄明白了她的苦恼——原来她是纠结选择所谓的爱情还是面包。这位朋友给了莉莉一个建议：可以尝试看看这个年轻的穷小子除了对自己好以外还有什么优点，再看看这个年纪大的有钱男人除了有钱还有什么优点。

莉莉一下子明白了朋友的用意，其实这个自己喜欢的年轻男孩只是每天接送自己，他工作不积极上进，每天只知道围着自己转。而这个有钱的年纪大点的男人，儒雅、体贴，谈吐中所说的都是自己未曾接触的领域，让自己大开眼界。

这下子，莉莉豁然开朗了。几个星期后，这位朋友就收到了莉莉的结婚请柬，而新郎则是这个年龄稍大的有钱人，莉莉告诉这个朋友，当她开始疏远那个年轻男孩的第二天，她就看到他和另外的女孩约会去了。莉莉突然明白，可能他只是想找个条件好的城市女孩结婚。

这个故事中，我们不能嘲笑莉莉势利，而且我们不得不说，莉莉最终的选择是明智的。有时候我们自以为对某个异性是"真爱"，但很有可能是被所谓的爱情冲昏了头脑，当我们为爱奋不顾身的时候，也许是为婚后的不幸埋下了隐患。

情侣之间，耳鬓厮磨，情到浓时，你看对方什么都是好的。约会的时候,你们会去很多特殊的场所,这些场所会带给你感官上的刺激,让你的心"振动"起来。有时候,心与心的靠近,真的是因为环境因素。所以,在"心振动"的时候尽情地去享受,但是不要做任何决定,这个时候做什么决定都是冲动和不负责的。

那什么时候做决定呢?要看你们安静下来的日常。在没有任何外在"危险"和"刺激"时,你们是否依然能彼此心动,彼此感觉到快乐和愉悦流动在你们心间。如果在日常生活中,你们依然能够有"心动"的感觉,那才说明是真的"爱上"了这个人。

综上所述,我们在"动心"的时候,一定要区分清楚,到底是真的爱上这个人,还是受到了"吊桥效应"的影响。

择偶，合适的就是最好的

生活中，我们可能都有这样的体会：你的一个朋友买了一件很漂亮的衣服，他穿起来很好看，于是，你也想买一件，但在试穿后，你却发现，这件衣服再好看，却不适合自己的气质，你只能放弃……这只是生活中的一个简单的场景，但从这件小事中，我们不难得出一个道理：适合自己的才是最好的。其实，在择偶这一问题上也是如此，绝不可因为周围的人已经进入婚姻而让自己草草结婚，只有寻找到与自己有共同语言、相谈甚欢的人，我们才有可能经营出幸福的婚姻和人生。如果在婚姻这件事上缺乏主见、随波逐流，谁都能左右你的思想，很明显也是中了"吊桥效应"的圈套，这样的人是无法把控人生幸福的。

在哲学上有个著名的"麦穗效应"，相信能对我们的择偶观有所启示：

第六章 吊桥效应与婚恋成长：幸福的爱情需要理性思考和认真经营

苏格拉底是古希腊最伟大的学者之一，他有很多的学生，他并不以灌输的方式教育学生，而是喜欢通过简单、日常的行为来让学生认识到哲理。

一天，他的学生问他怎样才能找到理想的伴侣，他并没有直接回答，而是带领学生来到一片金黄的麦地旁，这是麦子成熟的季节，饱满的麦穗在风中摇曳。

苏格拉底对学生们说："现在，你们的任务是找到这片麦地中最大的麦穗，但任务的规则是，只许进不许退，千万别回头，而且每个人只许摘一颗，我在麦田的尽头等你们。谁能找到那颗最大的麦穗，那谁就可以顺利毕业了。"听到老师的话后，学生们都出发了，在他们看来，这并不是一件多么难以完成的任务。

绿油油的麦地里，到处都是大麦穗，到底哪颗才是最大的呢？学生们只好一直往前走，他们看看这一颗，好像不够大，再往前面看看，当他们看到下一颗时，又觉得不够大，最大的肯定在前面，抱着这样的想法，他们总是不肯下手。在他们看来，这么一大片麦田，还早着呢！

学生们一边低着头往前走，一边用心地挑挑拣拣，很长时间以后，他们突然听到了苏格拉底苍老的声音："孩子们，已经到头了。"这时两手空空的学生们才如梦初醒。

看到学生们失望的表情，苏格拉底对他们说："在这块长满成熟麦穗的麦田里，肯定有一颗是最大的，我们不怀疑这一点，你们可能会遇见，但也可能遇不到，即使碰到了，也许你们也并不知道它是否是最大的那颗。因为你们总认为最大的那颗在前方。因此，当你找到心仪的并抓在手中，它就是最大的，否则，你会一无所有。这就是爱情。"

学生们听完老师的话，才明白了老师让自己摘麦穗的用意，他们悟出这样一个道理：寻找伴侣的过程，就像在麦田中寻找最大的麦穗的过程，我们都在努力寻找，有的人见了那颗粒饱满的"麦穗"，就不失时机地摘下它；有的人则东张西望，一再错失良机。当然，有所追求是应该的，但把眼前的麦穗拿在手中才是实实在在的。

这里，我们看到了苏格拉底的婚恋观：选择爱人，没有最好，只有最适合的，在对的时间、对的地点出现的人，就是你一辈子的爱人。

那么，什么样的配偶才是合适的人呢？

有人说，婚姻如"如人饮水，冷暖自知。"我们不能把自己的意识强加于别人，当然也不要轻易接受别人的思维。人是群居动物，不是特立独行的，我们没有必要用那些苛刻的条件来挑选配偶，只要与我们有共同语言、能与我们相谈甚欢的人，就是适合我们的人。总之，请不要用别人的眼光去审视自己的幸福，幸福是属于你自己的，别人或许有话语权，但没有决策权。

新时代的人们，我们都应该有一颗独立自主的心，都能更明智地选择自己的配偶乃至人生，更加理智地去看待身边的人或事情，从而让我们的生活更加和谐，更加美好！

吊桥效应

爱情来临时，千万别优柔寡断

在爱情中，人们都希望自己爱的人主动对自己表达，并认为只有这样，才能把握爱情中的主动权。然而，爱情中的吊桥效应告诉我们，对于爱情，我们只有遵从自己内心的想法、主动出击、勇敢追求，才能真正地把控主动权。而如果我们一味地坚持所谓的矜持，那么，只能白白让爱蹉跎，甚至离自己而去。我们先来看下面的一则寓言故事：

法国哲学家布里丹养了一头小毛驴，每天向附近的农民买一堆草料来喂。这天，送草的农民出于对哲学家的景仰，额外多送了一堆草料，放在旁边。这下子，毛驴站在两堆数量、质量和与它的距离完全相同的干草之间，可是为难坏了。它虽然享有充分的选择自由，但由于两堆干草价值相等，客观上无法分辨优劣，于是它左看看、右瞅瞅，始终也无法分清究竟选择哪一堆好。于是，这头可怜的毛驴就这样站在原地，一会儿考虑数量，一会儿考虑质量，一会儿分析颜色，一会儿分析新鲜度，犹犹豫豫，来来回回，在无所适从中活活地饿死了。

小毛驴在两堆草料面前，却落得个饿死的下场，真是匪夷所思。可见，迟疑不定不仅对人们做出正确的行为无丝毫的帮助，还会让人们延误时机，甚至酿成苦果。

而实际上，人们似乎经常重复这个幼稚的错误，尤其是在爱情上。那些自我意识不强的人，常常优柔寡断、踌躇不定，而最终，他们也和这头小毛驴一样一无所获，只能看着幸福从自己的身边悄悄溜走。

有一个年轻人，长相帅气，为人厚道，但就是有个缺点，做事优柔寡断，就连追女孩子也是如此。

一天，他很想到他的爱人家中去，叫他的爱人出来，一块儿消磨一个下午。但是，他又担心，不知道他应该不应该去，怕去了之后，或者显得太冒昧，或者他的爱人太忙，拒绝他的邀请。但是不去吧，他又很想念他的爱人，于是他左右为难了老半天，最后，勉强下了决心去。

但是，当车一进他爱人住的巷子时，他就开始后悔不该来：既怕这次来得不是时候，又怕被爱人拒绝，他甚至希望司机现在就把他拉回去。车子终于停在他爱人家的门前了，他虽然后悔，但既来了，只得伸手去按门铃，现在他只希望来开门的人告诉他说："小姐不在家。"他按了第一下门铃，等了3分钟，没有人应答。他勉强自己再按第二次，又等了2分钟，仍然没有应答，于是他如释重负地想："他们全家都出去了。"

于是他带着一半轻松和一半失望回去，心里想，这样也好。但事实上，他很难过，因为这一个下午没有安排了。

事实上，令他万万没有想到的是，他的爱人原本就在家里，这个女孩从早晨就盼望这位先生会突然来找他，带她出去消磨一个下午，她不知道他曾经来过，因为她家门上的电铃坏了。

故事中，如果这个年轻人不是那么患得患失、瞻前顾后，如果他像别人有事来访一样，按电铃没人应声，就用手拍门试试看的话，他们就会有一个快乐的下午。但是他并没有下定决心，所以他只好徒劳往返，让他的爱人也暗中失望。

在爱情的世界里，敏感的人常常希望对方能主动示爱，而认为主动表达感情是一件很没面子的事,就像有人说的"爱情中,谁先认真,谁就输了",总认为一旦自己主动了就失去了主动权,实际上,这是一套完全没有事实依据的爱情理论。然而,就在这一套没有任何事实依据的爱情理论面前,很多人左右观望、左等右盼,最终的结果是让爱人离自己远去。事实上,在幸福面前,无论性别,我们每个人都应该大胆点、勇敢点,大胆地说出内心的感受,只有这样,才不会留下遗憾。

每个人都有着不同的个性,当我们期盼对方主动示爱的时候,也许根本没有意识到,他(她)比你更羞怯,也或者他是粗心的,再或者,他(她)与你一样也在等待一个暗示,一味矜持只会让他(她)觉得你并未中意于他(她),最终他(她)很可能因为你的态度而放弃这段感情。因此,新时代的人们,如果你想获得幸福,不妨大胆、主动点,有爱就说出口吧。

越是浪漫的爱情，越是消失得快

有句俗话说："婚姻如饮水，冷暖自知。"恋人们在经历了"吊桥效应"带来的"心动"后会和另一半步入婚姻的殿堂，开始一种新的生活。但正如钱钟书先生在《围城》中所描述的：围在城里的人想逃出来，城外的人想冲进去。的确，相爱容易，相处难。

生活本就是繁琐的，每天油盐酱醋茶，自然少了婚前的激情与浪漫，一些人便开始对婚姻失望，甚至把矛头指向爱人，于是，生活中的吵闹便开始了。其实，人还是那个人，爱情也并未变，只是面对婚姻，一些人无法调整自己的心态。婚姻本就是平淡的，需要夫妻双方的共同经营。两个性格、成长环境不同的人走到一起，本就是一件不易的事。其实，当爱情沉淀的时候，当我们步入婚姻殿堂的时候，我们该轻轻地摇摇杯子，学会享受这份平淡的幸福。

第六章　吊桥效应与婚恋成长：幸福的爱情需要理性思考和认真经营

小米和阿智是大学同学，他们同时就读于艺术系。小米的家庭环境比较好，从小被父母捧在手心里。而阿智则来自农村，父母都是农民，但这并没有让他觉得自己不如人，相反，他用自信和细心打动了小米。

阿智很善于制造浪漫，在读大二的一个晚上，他用一个多星期的生活费买了漂亮的玫瑰花和蜡烛，在小米的宿舍楼底下摆成了"I LOVE YOU"，然后深情地对楼上的小米唱《对面的女孩看过来》，接着就是一番表白，这样的爱情攻势小米哪里能抵挡得住，当天晚上，小米就答应了阿智的约会。

时间总是过得那么快，很快，他们毕业了。他们在上海租起了房子，并登记结婚了。他们需要为柴米油盐担忧，阿智再也没有精力去制造浪漫了。而小米则还是和以前一样疯，还是希望阿智能经常给自己制造浪漫。她开始抱怨阿智不爱她了，阿智也只是淡淡地回答："你多想了。"后来，小米就喜欢上了上海的夜生活，她总是醉醺醺地回家，再后来，她开始夜不归宿。阿智明白，即使自己再爱小米，他们也回不到以前了。

在结婚后的半年，小米就离开阿智去了北京，而阿智则留在了上海，过着他平淡的生活。

其实,无论是男人还是女人,都希望自己的婚姻是浪漫的,正如故事中的阿智和小米一样。在没有现实生活的压力时,他们的浪漫爱情看起来那么甜蜜,但任何爱情如果经不住柴米油盐的考验,总是会夭折。因此,我们常常听人们说"越是浪漫的爱情,越是消失得快"。

无论在恋爱还是婚姻中,浪漫确实能让人们更真切地感受到对方对自己的爱,但浪漫是需要代价的,首先需要我们考虑的就是现实的因素,制造浪漫一定要以现实生活为前提,吃不饱穿不暖的情况下又何来浪漫?有句名言说"浪漫就是慢慢地浪费",不得不承认的是,大多数浪漫爱情的背后都隐藏着高昂的经济成本。故事中的小米想要的浪漫其实已经让阿智无力承担了,这也是导致他们走向不同的人生轨迹的原因之一。

在基本生活得到保障的情况下,偶尔制造一下浪漫,可以调节爱情与婚姻生活,让枯燥的生活增添一些色彩,让你的爱人更爱你。但如果不考虑双方的经济情况,希望每天的生活中都充满惊喜,那么,你就太贪心了。

另外,我们可能忽略的是,爱情与婚姻本就是不同的。爱情是甜蜜的,婚姻却是要经受住琐碎生活的考验的。对于爱情到婚姻的过渡,我们也要调整自己的心态,再热烈的爱情最终都要归于平淡。任何爱情，只有经得起平淡的流年，经得起时间的考验，才能最终修成正果，历久弥香。

爱情与婚姻中，无论是男人还是女人，都希望自己的伴侣能为自己制造浪漫。诚然，浪漫能调节枯燥的婚姻生活，让爱情富有新鲜感，但一味地苛求获得浪漫，会让对方产生很大压力。因此，对待婚姻，我们一定要有平和的心态，要明白平平淡淡才是真的道理，浪漫也只是婚姻的"奢侈品"，不可强求。

吊桥效应

改变心态，享受平淡的真情

自古以来，"爱情"都是人们喜欢谈论的话题，由此形成了无数个凄婉哀怨让人断魂的经典爱情故事。那些美丽的爱情故事常常为我们津津乐道，但奇怪的是，我们很难发现经典的婚姻故事。爱情总是那么轰轰烈烈，但却最终被由细节组成的琐碎的婚姻打败了，于是就有了一种流行的说法——婚姻是爱情的坟墓。因为婚姻，曾经的亲昵、曾经的山盟海誓渐行渐远。其实原因很简单，没有处理好婚姻和爱情的关系。一味地追求心动、浪漫和热烈，不过是中了"吊桥效应"的圈套。我们都是活在现实生活中，而不是爱情的象牙塔里。其实，真正的爱情是融入平淡的婚姻中的，让爱情常驻的方法就是：改变心态，享受平淡的真情。

石油大王洛克菲勒曾说："爱情就像一粒种子，到时它就会成长、开花。我们不知道开的是什么花，但是，它肯定会开花。"这是一位商界大亨对爱情独特的见解，实际上，这句话的含义也很简单，对于爱情和婚姻，我们不要总是抱着轰轰烈烈和追求激情的态度，因为平平淡淡才是真。

洛克菲勒的大女儿叫伊丽莎白，她的丈夫叫马克，刚开始结婚时，他们甜蜜幸福，但是结婚一段时间后，他们的感情似乎出现了一些问题。

一个周末的早上，洛克菲勒突然想起来自己很长一段时间没有去看大女儿了。于是，他来到大女儿家，可是进门后发现只有自己的女婿马克，洛克菲勒便问是怎么回事，马克告诉洛克菲勒，最近伊丽莎白总是在公司不愿意回家。从马克的话中，洛克菲勒能听出他的一些不满。洛克菲勒觉得是时候找女儿谈谈了。

接下来，他来到公司，想约女儿一起吃饭，并想借此机会好好和女儿谈谈。但是在吃饭的时候，洛克菲勒发现女儿对待服务人员的态度很不好，十分粗鲁和粗暴。要知道，她平时可是个彬彬有礼、温柔体贴的人。洛克菲勒觉得女儿最近的情绪很不好，看来她满脑子都是工作，以至于对日常生活中必须尽到的其他责任，如感情、家庭等都不在乎了。

交谈中，伊丽莎白告诉自己的父亲："爸爸，我现在只要一回到家就感到很烦躁,马克越是对我好,我越是感到厌烦,您说我要怎么办?"伊丽莎白垂着头,向父亲倾诉着。

洛克菲勒握住女儿的手说:"亲爱的伊丽莎白,爸爸要告诉你的是,你应该检查一下自己的心态了。不错,我从小教育你们要努力上进,但这并不意味着你们要忽视身边的亲人,你确实过分地恃宠于亲人的好意,尤其是马克的支持、协作及爱情。成功、知识、经验都不能在这种错误中保护你,谁也保证不了你不受其害。马克对你的好我一直看在眼里,你看这段时间,无论你怎样,他都一如既往地迁就你,按照你的进度来安排自己的工作,你们的小家庭中,80%的家务也是他来做。一对好的伴侣就是在遇到特殊或紧急情况时,一个人愿意承担两个人的责任,无条件地为彼此付出,这就是同甘共苦,所谓婚姻生活就是这么一回事。可是,不管是多么爱妻子或丈夫,永远承担不公平的责任的配偶恐怕是没有的。如果你认为你的丈夫是主动地承担起责任的话,那是因为你看得还不够通透。"

伊丽莎白摇摇头说:"不,无论怎样我也找不到曾经和他在一起的激情了,要知道,曾经我们是多么相爱!"

洛克菲勒知道了女儿的想法,接下来,他又劝导道:"这个,我怎么说呢?我与你母亲的婚姻算是美满幸福的,可大多数时候我们的生活还是很平淡的。事实上,平时我也能看到那些老夫老妻在一起,他们已经经历了流年,可是还是那么相爱,为什么呢?因为他们做到了包容,经过了一种爱的转化,经历了激情最终到彼此习惯,两个不同的人、两种不同的风度、两种不同的意识走到了一起,并一起分享生活。他们看起来各自不同,其实早已融为一体。"

"或许真是这样,"伊丽莎白将目光投向窗外,"我想我应该和马克出去旅行一次了,我们很久都没享受独处的时光了。"

的确,洛克菲勒说得对,婚姻是一种转化。爱情就像一粒种子,到时它就会成长、开花。我们不知道开的是什么花,但是它肯定会开花。如果你的选择是细心而明智的,爱情的花朵将会是甜美的;如果你选择的时候不用心或判断错误,爱情之花就不会完美。

现代研究表明,爱情极易在男女婚后18至30个月后消失,这也被称为"爱情昙花症"。它严重影响夫妻之间的感情和和睦的家庭生活。婚姻中,当最初那份心灵的悸动被繁琐的生活逐渐磨灭时,你意识到了吗?那么,到底怎么为爱情保鲜呢?

结婚后,夫妻天天生活在一起,每天重复着同样的事情,没有一点激情,久而久之,彼此会产生乏味的感觉。其实,这种厌倦很多时候是因为我们没有以正确的心态看待婚姻。婚姻需要包容和呵护,当彼此融为一体的时候,婚姻也就"修成正果"了。

参考文献

[1]明道.心理学入门：妙趣横生的50个心理学效应[M].北京：西苑出版社，2020.

[2]竹凯.心理学与吸引力法则[M].北京：中国纺织出版社，2017.

[3]李汉松.从零开始学心理学：心理学与生活[M].北京：中国法制出版社，2020.

[4]格里格，津巴多.心理学与生活：第19版[M].王垒，等，译.北京：人民邮电出版社，2016.